DIARIO
DE UN
SOLO

DIARIO
DE UN
SOLO

Por

CATALINA BU

TUSQUETS
EDITORES

DISEÑO DE PORTADA: CATALINA BU
ILUSTRACIONES: CATALINA BU
DISEÑO Y DIAGRAMACIÓN PAULA SOTO CORNEJO

© 2016, CATALINA BU

PUBLICADO MEDIANTE ACUERDO CON AGENCIA PUENTES E.I.R.L., RUT
76.279.896-4 RICARDO LYON 289, PROVIDENCIA, SANTIAGO, CHILE.

DERECHOS RESERVADOS EN ESPAÑOL EXCLUSIVOS PARA TODOS LOS TERRITORIOS
DEL MUNDO, EXCEPTO CHILE.

RESERVADOS TODOS LOS DERECHOS DE ESTA EDICIÓN PARA:
© 2016, TUSQUETS EDITORES MÉXICO, S.A. DE C.V.
AVENIDA PRESIDENTE MASARIK NÚM. 111, PISO 2
COLONIA POLANCO V SECCIÓN
DELEG, MIGUEL HIDALGO
C.P. 11560, CIUDAD DE MÉXICO
WWW.PLANETADELIBROS.COM.MX

1.ª EDICIÓN EN COLECCIÓN CÓMIC EN TUSQUETS EDITORES MÉXICO:
OCTUBRE DE 2016

ISBN: 978-607-421-871-8

IMPRESO EN LOS TALLERES DE LITOGRÁFICA INGRAMEX, S.A. DE C.V.
CENTENO NÚM. 162-1, COLONIA GRANJAS ESMERALDA, CIUDAD DE MÉXICO
IMPRESO Y HECHO EN MÉXICO — *PRINTED AND MADE IN MEXICO*

GRACIAS A MI PAPÁ Y MAMÁ POR DARME
LA OPORTUNIDAD DE HACER LO QUE MÁS ME
GUSTA, A MI HERMANO, FAMILIA Y AMIGOS,
POR APOYARME SIEMPRE.

DEDICADO A
P.B.M.

1998 - 2014

FAN
ART

ESTOY FELIZ DE QUE SE HAYA EDITADO ESTE LIBRO DE CATALINA BU, QUIEN ES, A MI JUICIO, UNA DE LAS ESTRELLAS DE LA NUEVA GENERACIÓN DE DIBUJANTES CHILENOS... AUNQUE CREO QUE EN LA ASEVERACIÓN ANTERIOR CAIGO EN DOS ERRORES QUE PRETENDO CORREGIR INMEDIATAMENTE:

1- NO ES LA NUEVA GENERACIÓN CHILENA, SINO LA NUEVA GENERACIÓN A SECAS. *DIARIO DE UN SOLO* PODRÍA SER HECHO POR UN JAPONÉS, UNA FRANCESA O UN CAMERUNÉS. NO LE CABE EL APELLIDO "CHILENO", MENOS CON UNA MIRADA PATERNALISTA Y CONDESCENDIENTE. ES LO QUE ES, AQUÍ Y EN LA QUEBRADA DEL AJÍ: UN TREMENDO LIBRO.

2- TAMPOCO SIRVE EL TÍTULO DE "DIBUJANTE", PORQUE NO ES LO QUE CATALINA HACE. ES CIERTO, ELLA DIBUJA, PERO NO ES MÁS QUE LA HERRAMIENTA QUE USA PARA HACERNOS VER SUS OBSERVACIONES. LLAMARLA, "OBSERVADORA" SERÍA MÁS JUSTO.

ALGÚN LECTOR DESPREVENIDO PODRÁ TOMAR EN SUS MANOS ESTE LIBRO Y, LUEGO DE HOJEAR UN PAR DE PÁGINAS, PENSARÁ QUE SE TRATA DE LAS AVENTURAS Y DESVENTURAS DE ALGÚN DESCONOCIDO, QUIZÁS UN EXCOMPAÑERO O EL VECINO EXTRAÑO, AQUEL QUE UNO A VECES SE ENCUENTRA EN EL ASCENSOR. PERO OJO, ES UN "CABALLO DE TROYA", UNA VEZ QUE SEGUIMOS NOS PERMITE VERNOS Y LEERNOS A NOSOTROS MISMOS EN CADA HOJA. TRATA CON UN FINÍSIMO HUMOR Y UNA GRÁFICA ENVIDIABLE LOS TEMAS QUE TOCAN A ESE PEQUEÑO "SOLO" QUE TODOS LLEVAMOS DENTRO.

ALBERTO MONTT

"I MAKE A DATE FOR GOLF, AND YOU
CAN BET YOUR LIFE IT RAINS.
I TRY TO GIVE A PARTY, AND THE
GUY UPSTAIRS COMPLAINS.
I GUESS I'LL GO THROUGH LIFE,
JUST CATCHING COLDS
AND MISSING TRAINS,
EVERYTHING HAPPENS TO ME."

CHET BAKER.

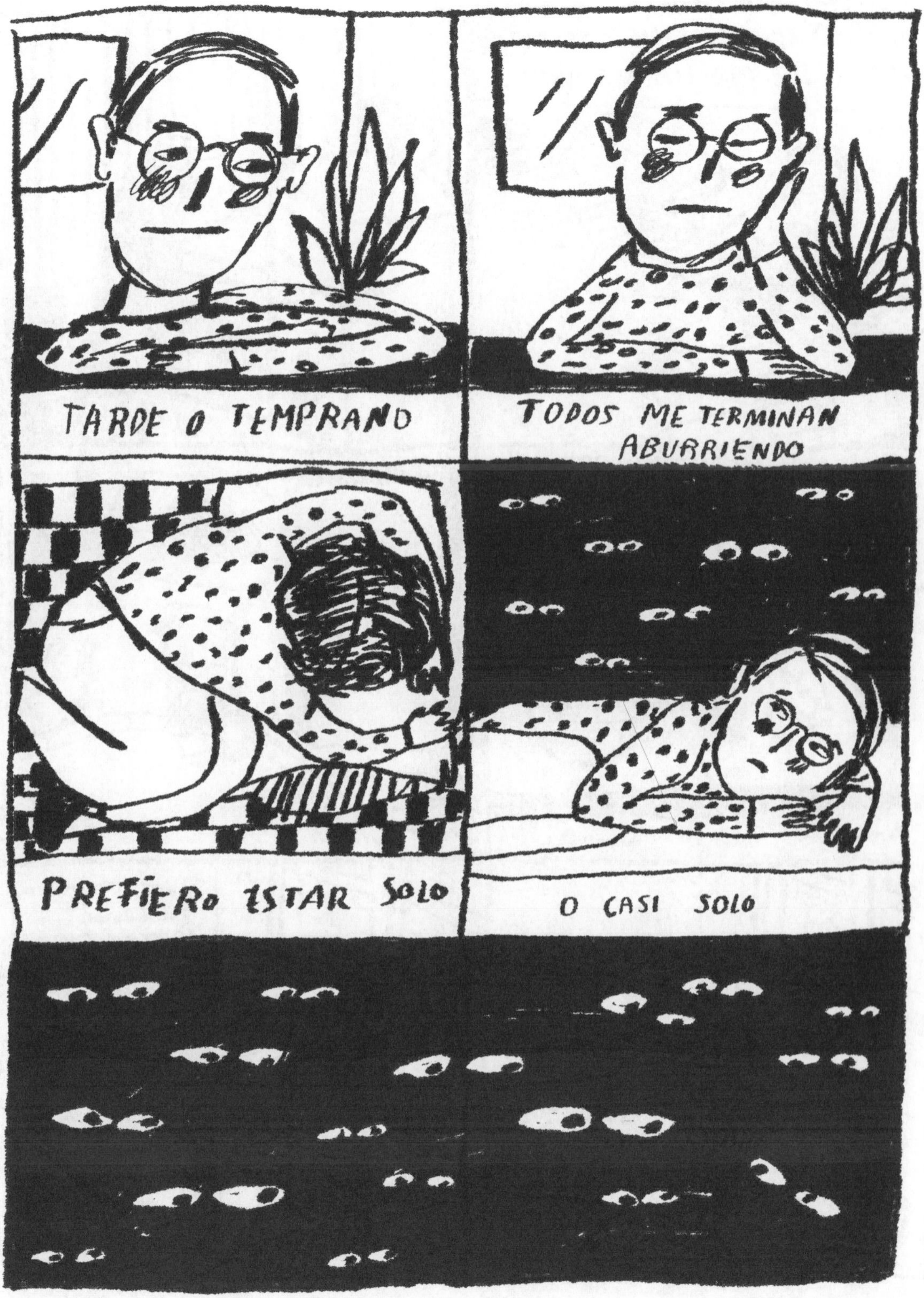
TARDE O TEMPRANO
TODOS ME TERMINAN ABURRIENDO
PREFIERO ESTAR SOLO
O CASI SOLO

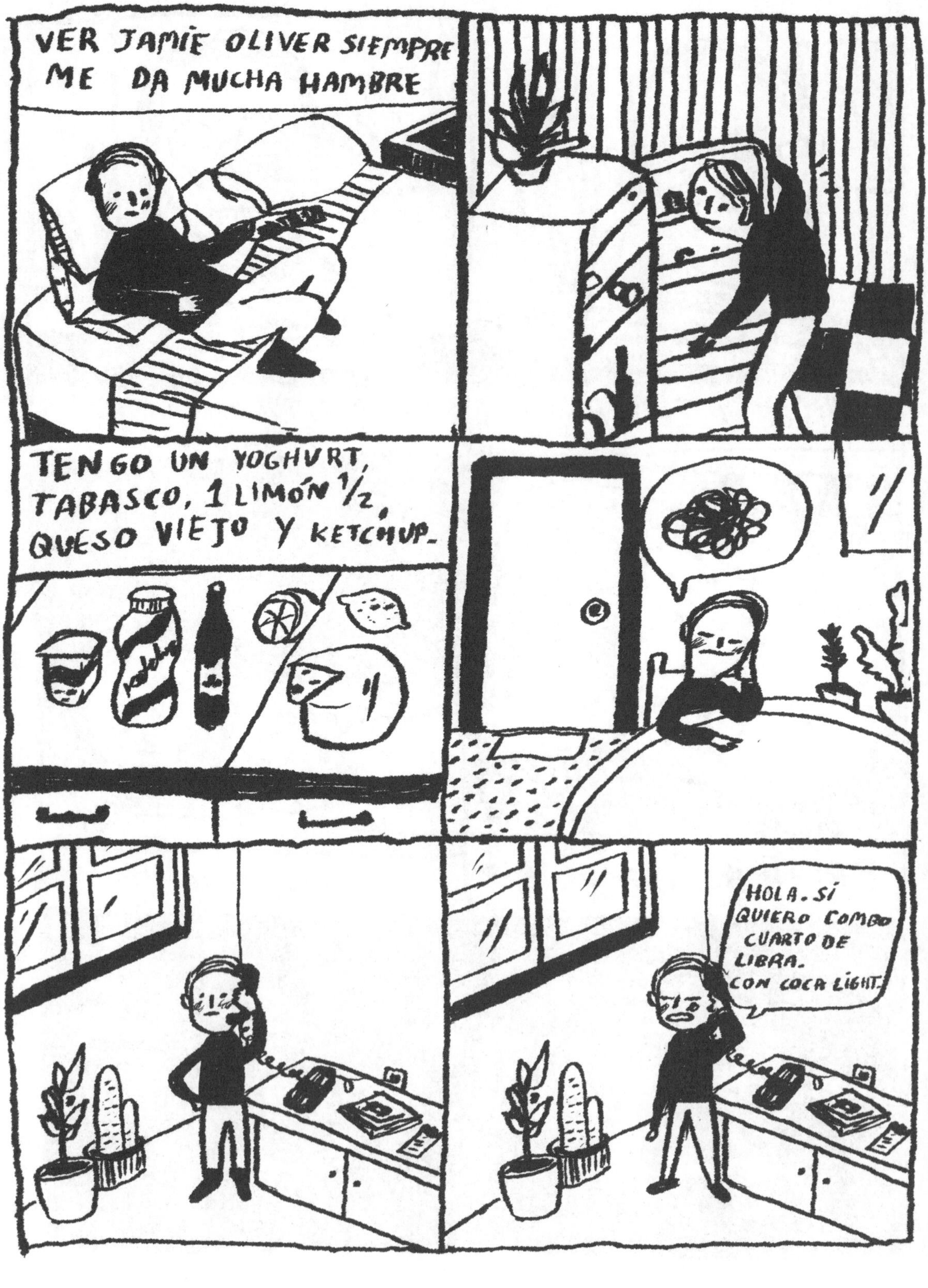
VER JAMIE OLIVER SIEMPRE ME DA MUCHA HAMBRE
TENGO UN YOGHURT, TABASCO, 1 LIMÓN 1/2, QUESO VIEJO Y KETCHUP.
HOLA. SÍ QUIERO COMBO CUARTO DE LIBRA. CON COCA LIGHT.

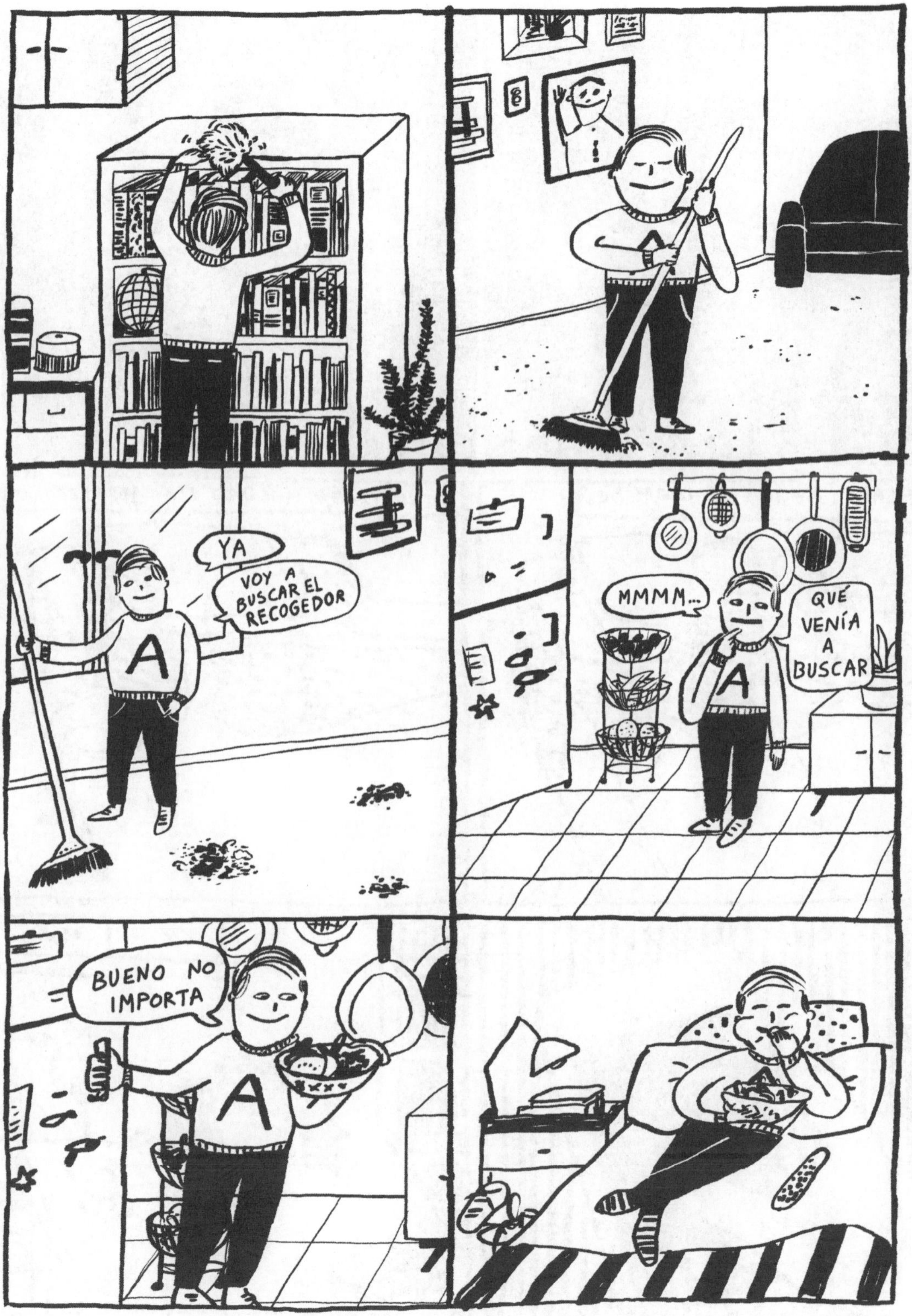
YA
VOY A BUSCAR EL RECOGEDOR
MMMM...
QUÉ VENÍA A BUSCAR
BUENO NO IMPORTA

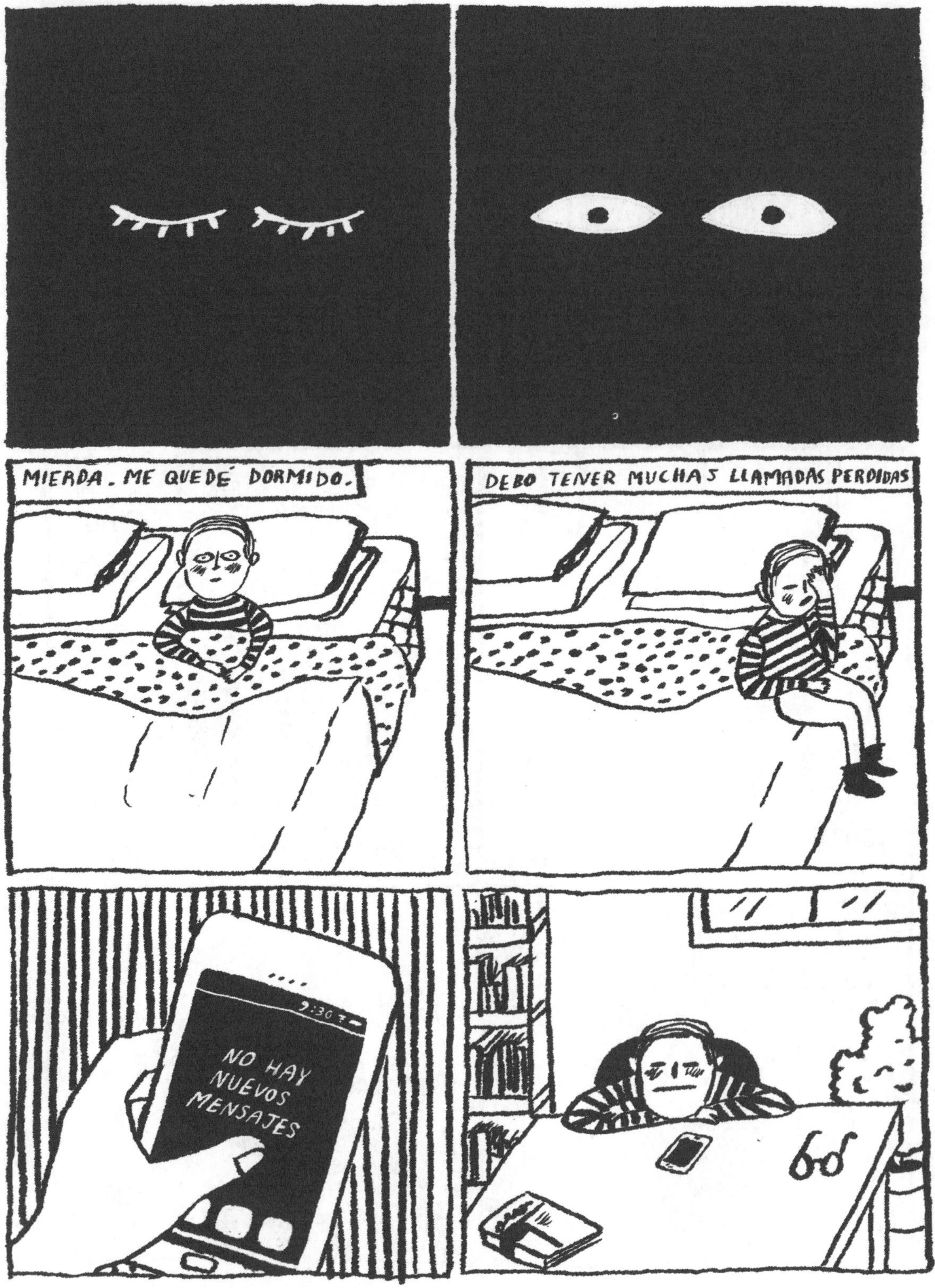
MIERDA. ME QUEDÉ DORMIDO.
DEBO TENER MUCHAS LLAMADAS PERDIDAS
9:30
NO HAY NUEVOS MENSAJES

COSA FAVORITA
#1

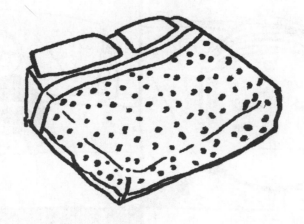

MI CAMA.

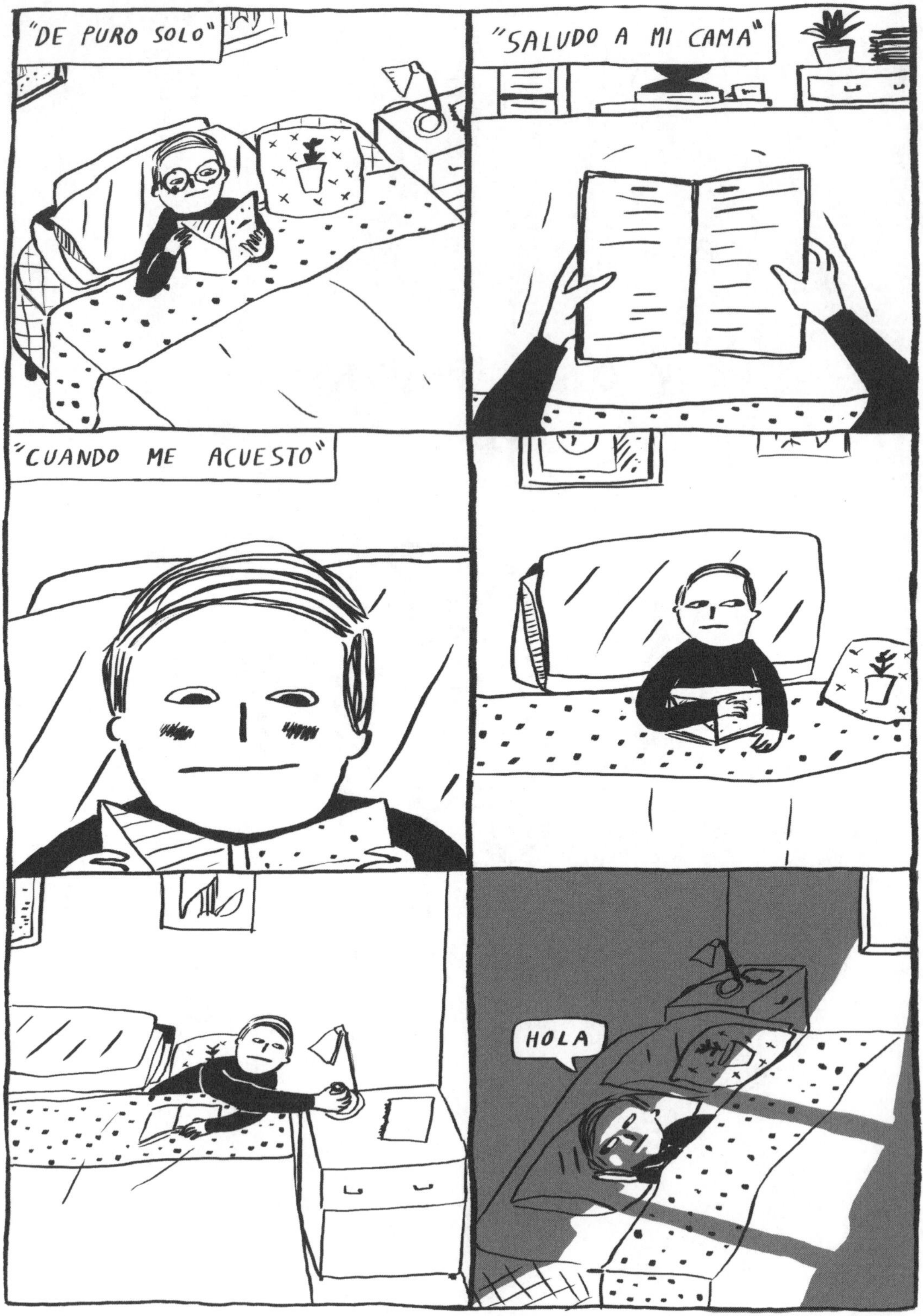
"DE PURO SOLO"
"SALUDO A MI CAMA"
"CUANDO ME ACUESTO"
HOLA

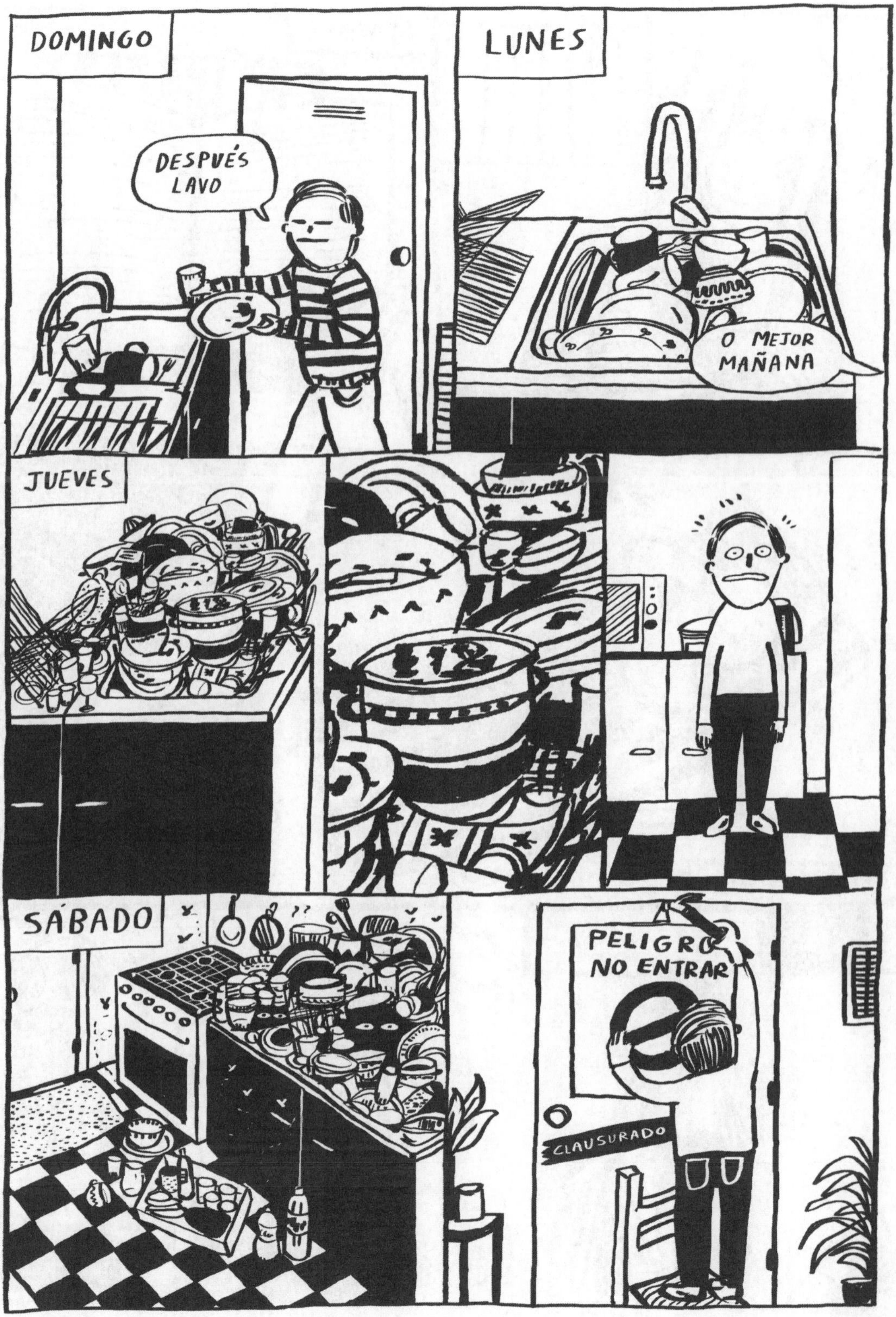
DOMINGO
DESPUÉS LAVO
LUNES
O MEJOR MAÑANA
JUEVES
SÁBADO
PELIGRO NO ENTRAR
CLAUSURADO

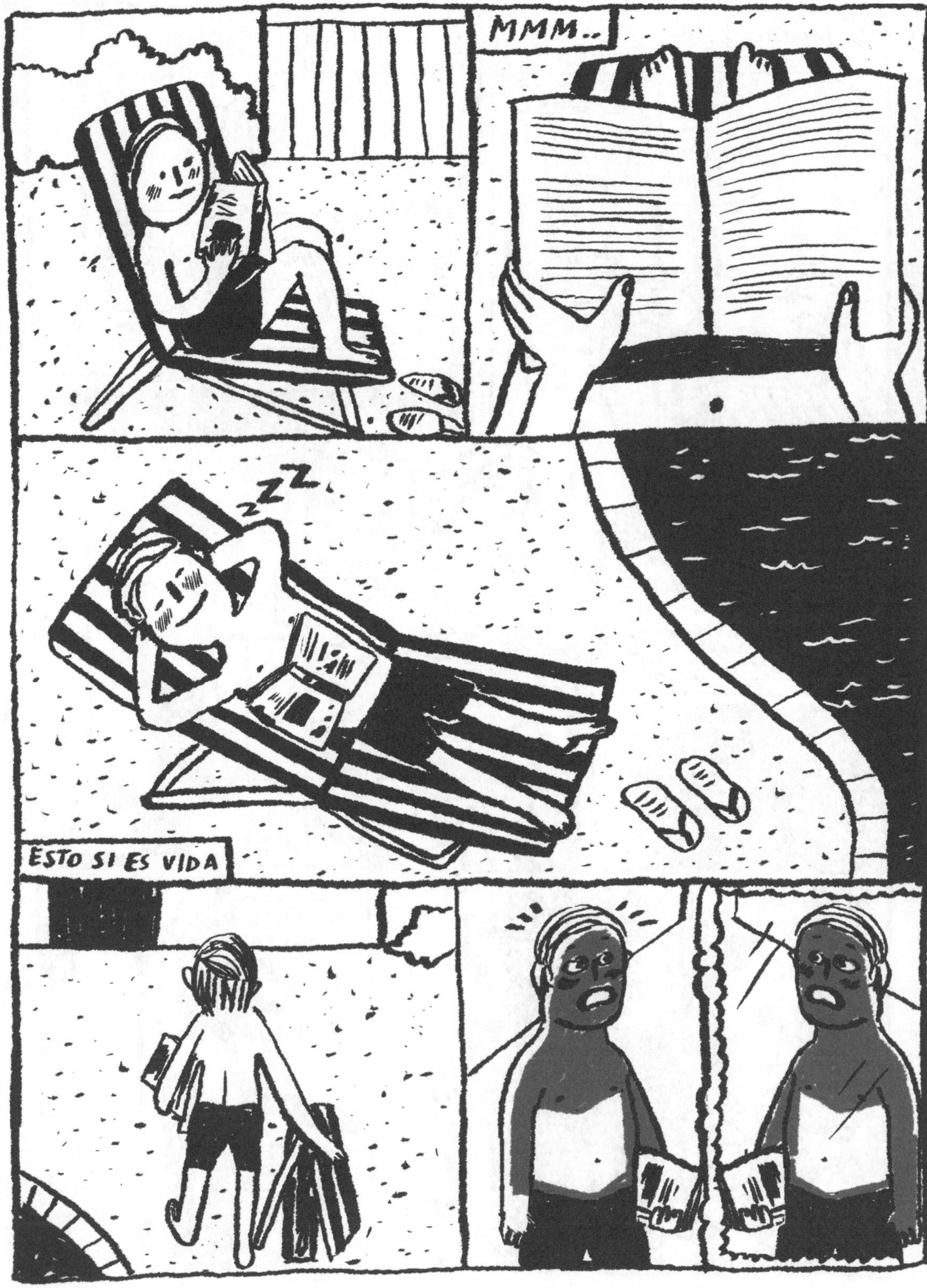
MMM..
ZZZ
ESTO SI ES VIDA

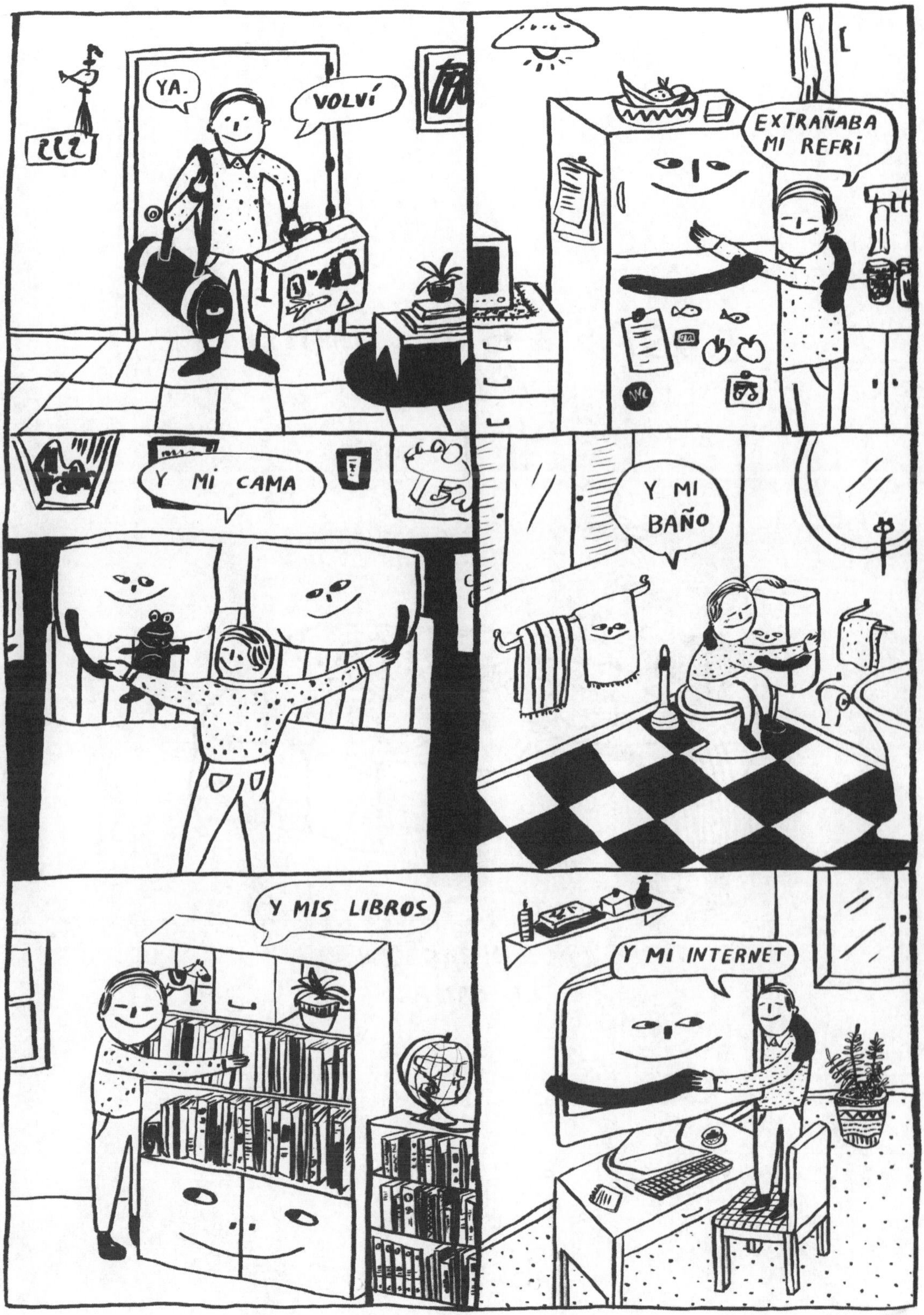
YA.
VOLVÍ
EXTRAÑABA MI REFRI
Y MI CAMA
Y MI BAÑO
Y MIS LIBROS
Y MI INTERNET

COSAS QUE ODIO:

#1

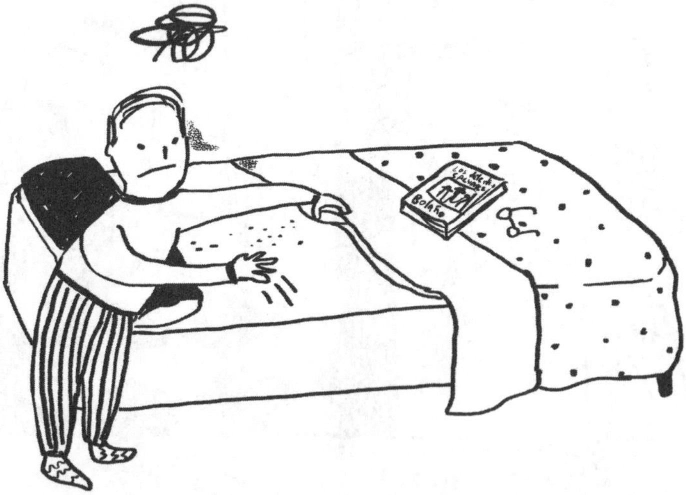
Bolaño

LAS MIGAS EN
LA CAMA.

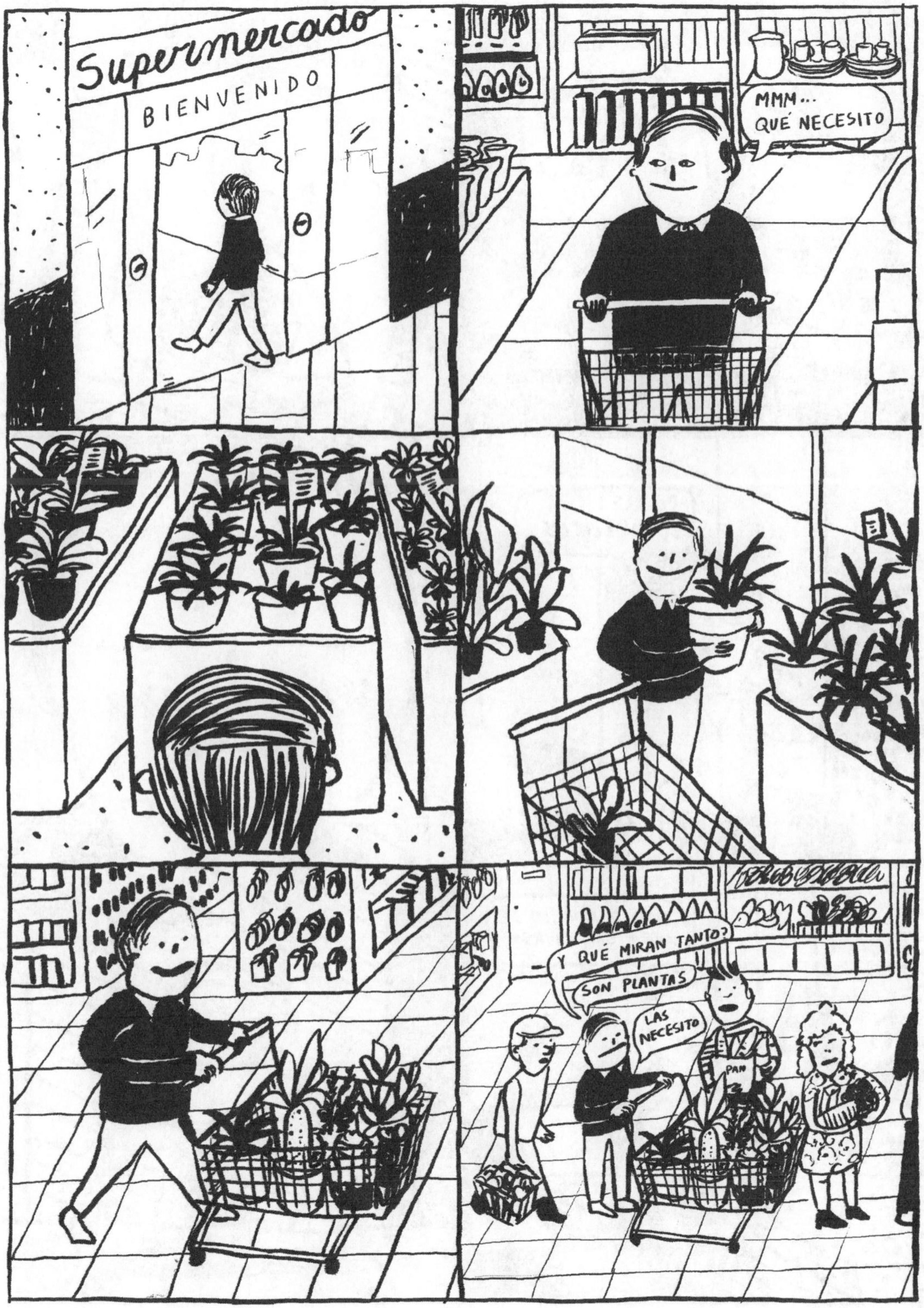
Supermercado
BIENVENIDO
MMM... QUÉ NECESITO
Y QUÉ MIRAN TANTO?
SON PLANTAS
LAS NECESITO
PAN

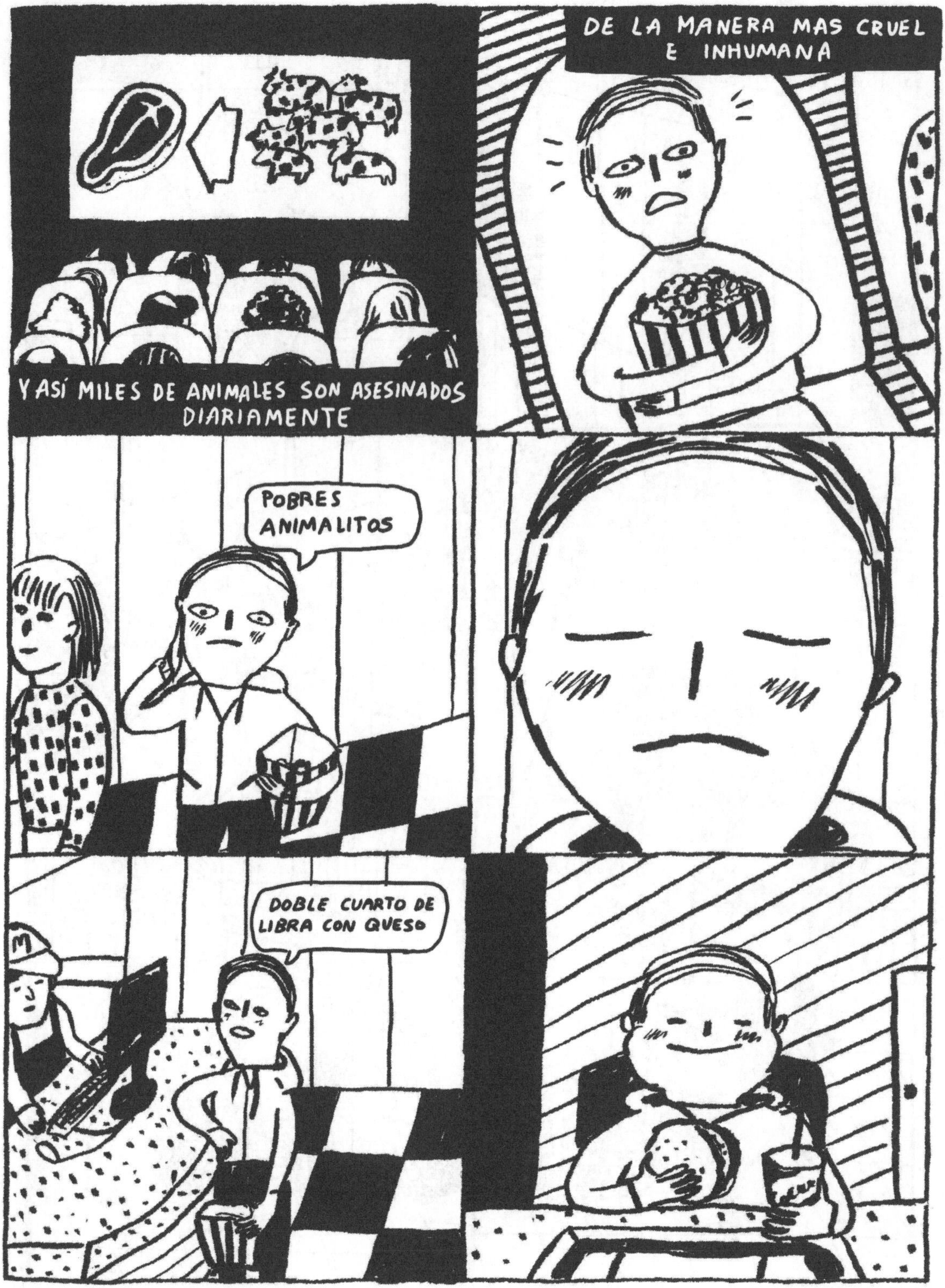
Y ASÍ MILES DE ANIMALES SON ASESINADOS DIARIAMENTE
DE LA MANERA MAS CRUEL E INHUMANA
POBRES ANIMALITOS
DOBLE CUARTO DE LIBRA CON QUESO

- TOMATE
- LIMON
- ACEITE
- FANTA
- HVEVOS
- DESODORANTE

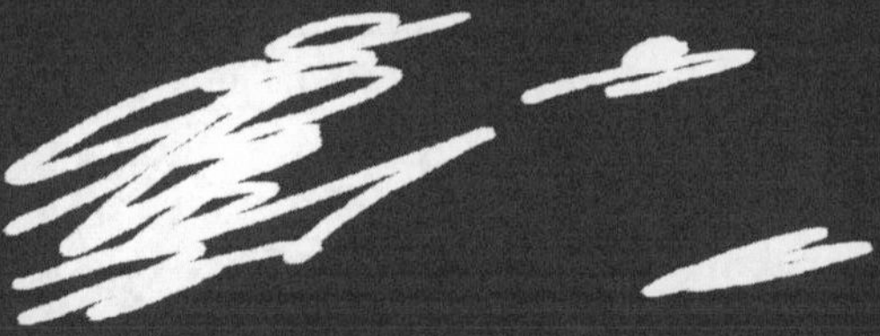

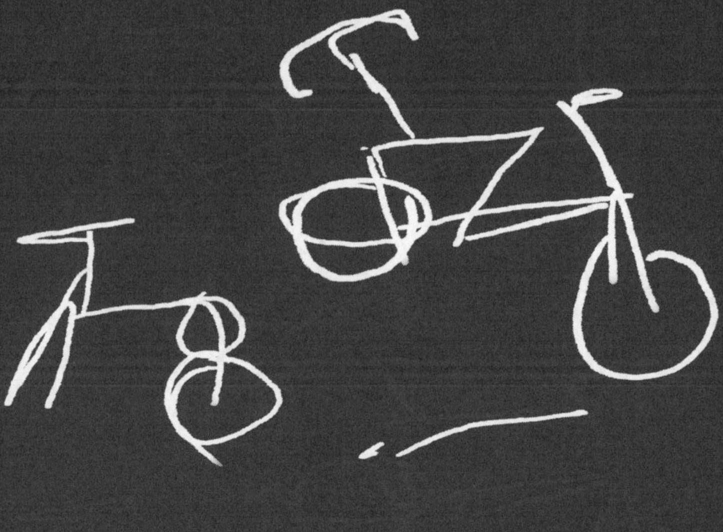

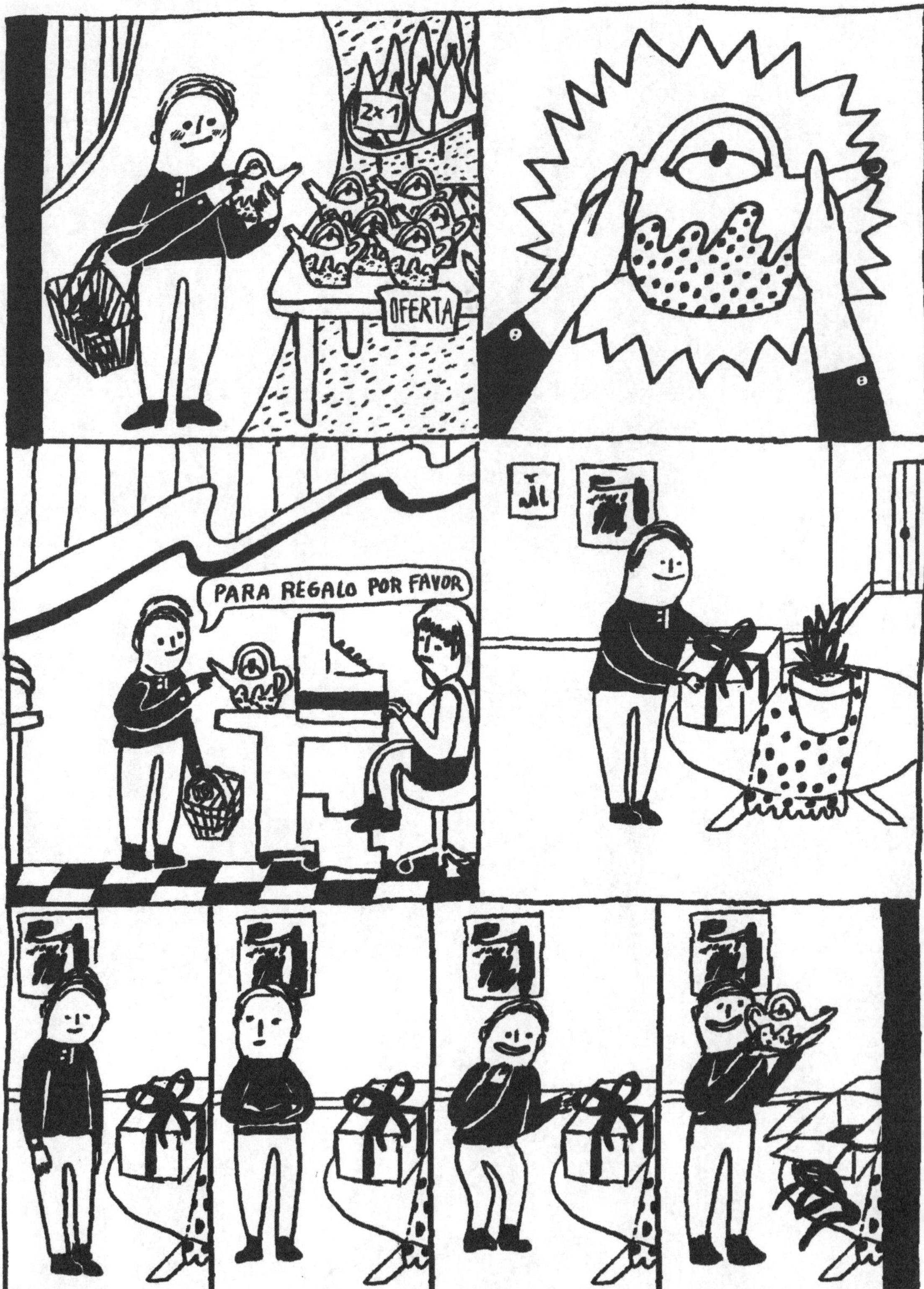
2x1
OFERTA
PARA REGALO POR FAVOR

COSA FAVORITA
#2

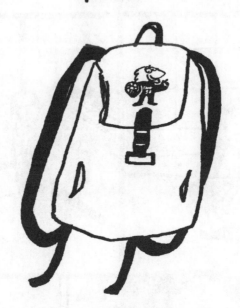

MI MOCHILA DE FRANCIA 98'
(QUE ME GANÉ POR COMPLETAR
EL ÁLBUM)

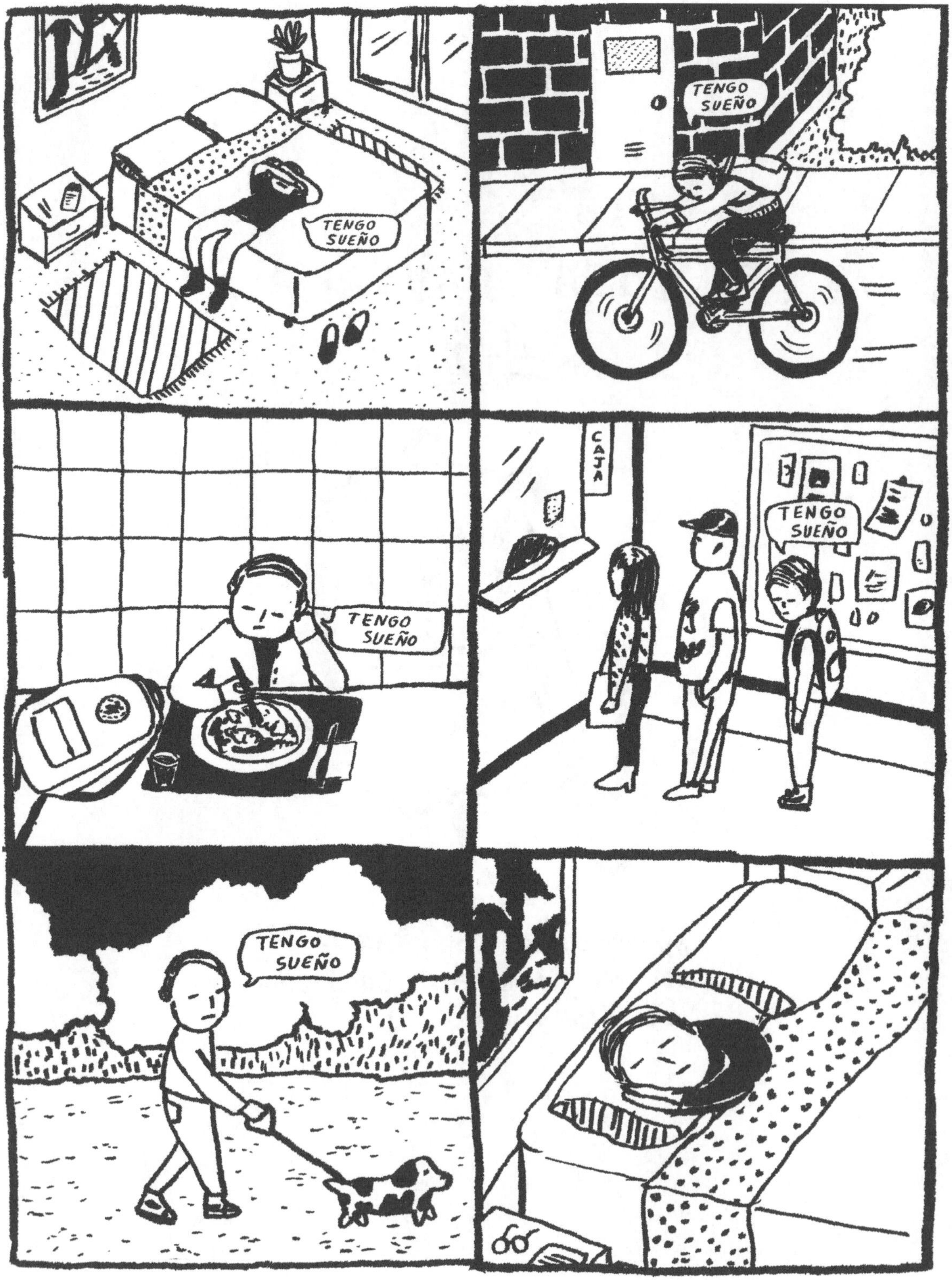
TENGO SUEÑO
TENGO SUEÑO
TENGO SUEÑO
CAJA
TENGO SUEÑO
TENGO SUEÑO

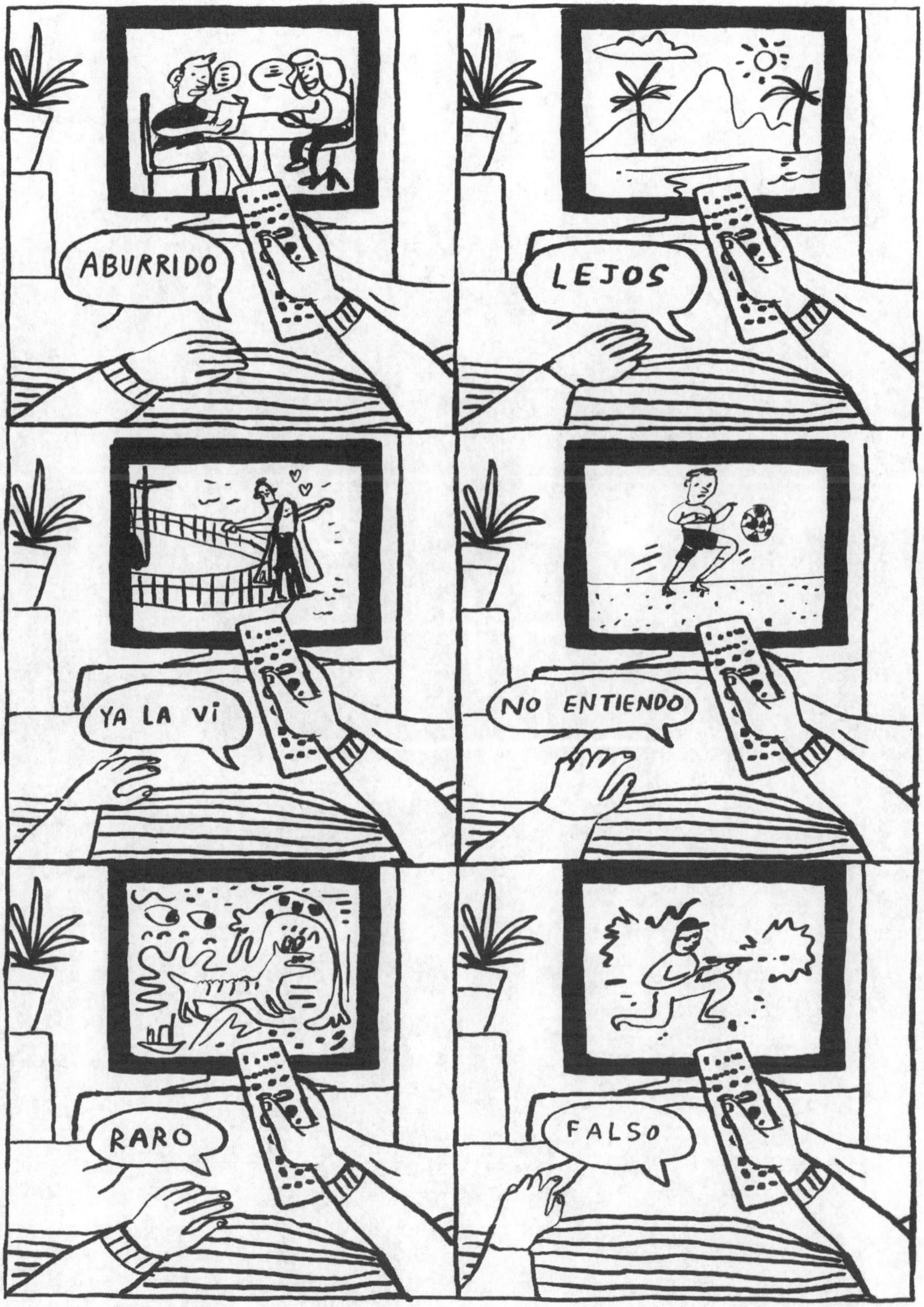
ABURRIDO
LEJOS
YA LA VI
NO ENTIENDO
RARO
FALSO

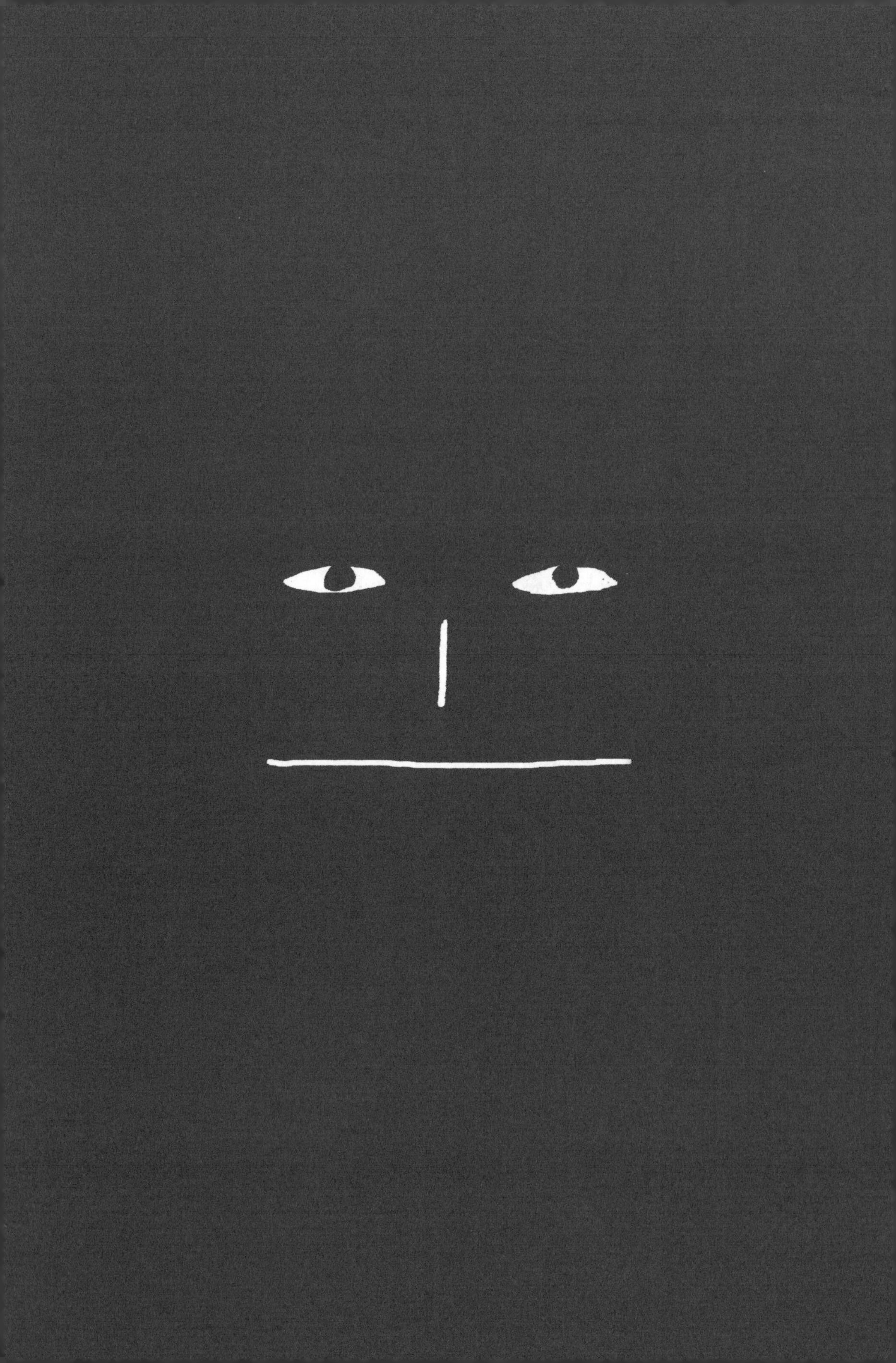

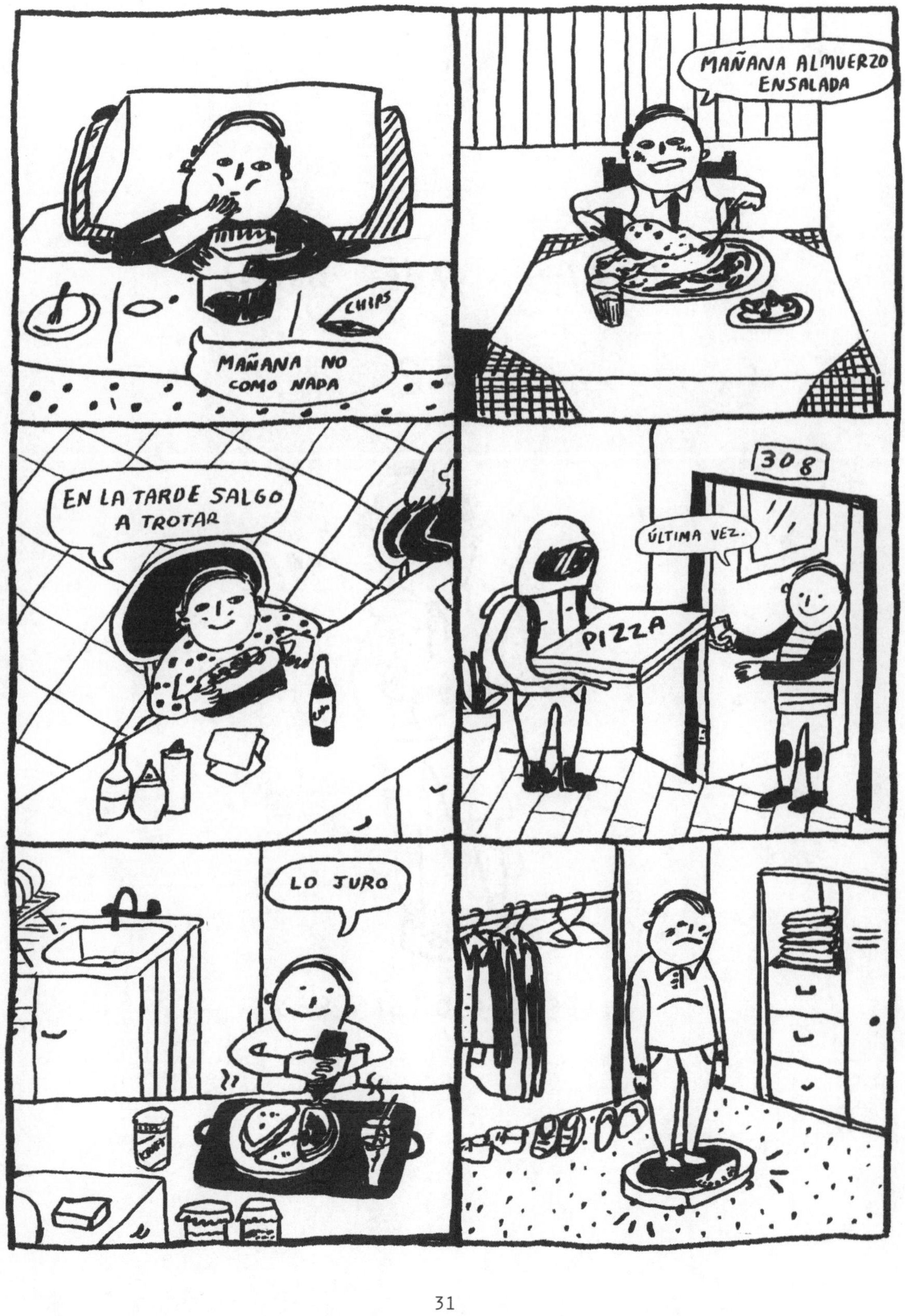
CHIPS
MAÑANA NO COMO NADA
MAÑANA ALMUERZO ENSALADA
EN LA TARDE SALGO A TROTAR
308
ÚLTIMA VEZ.
PIZZA
LO JURO
KRAFT

COSAS QUE ODIO:

#2

PUAJ

EL REFRESCO SIN GAS

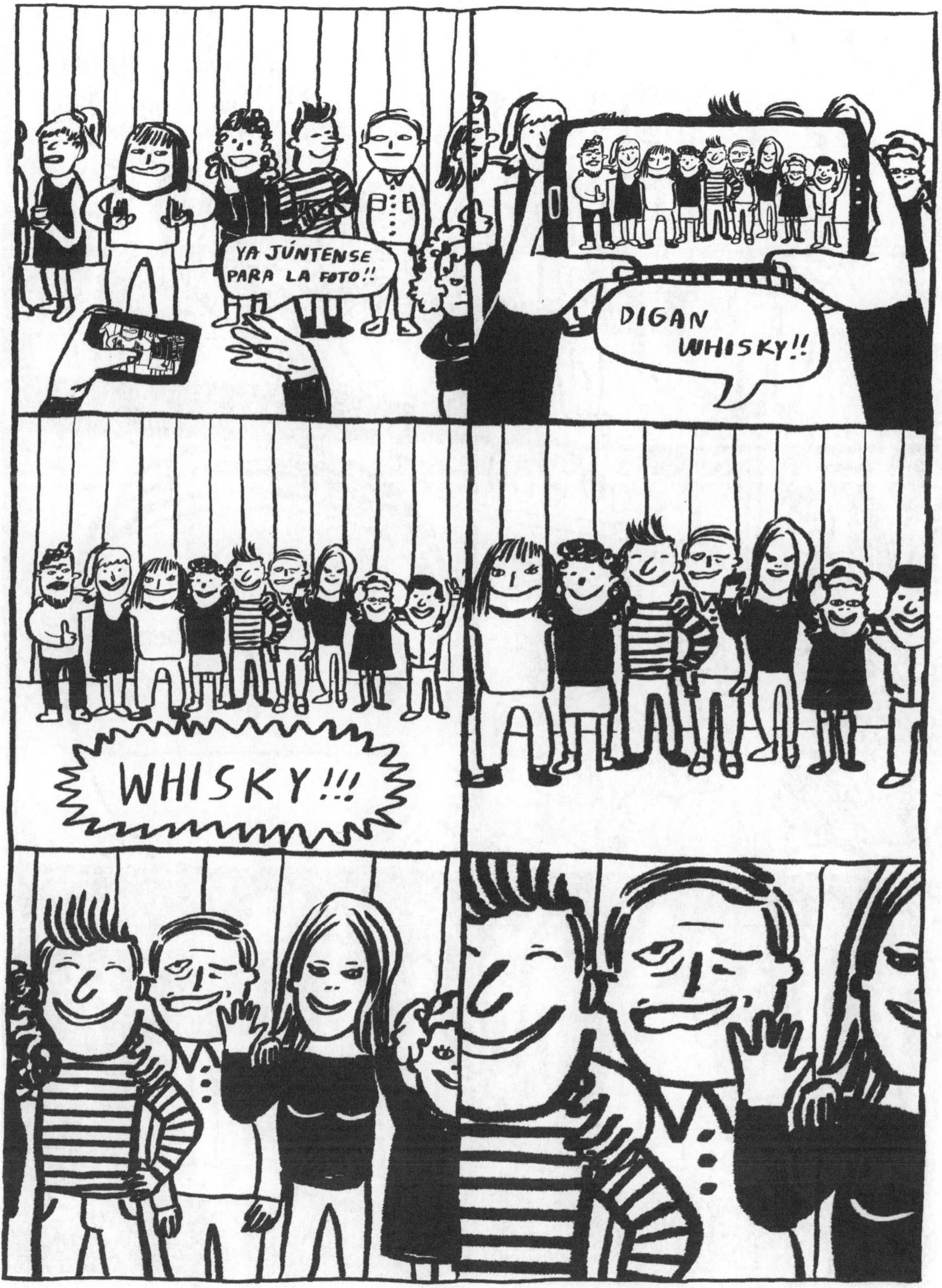
YA JÚNTENSE PARA LA FOTO!!
DIGAN WHISKY!!
WHISKY!!!

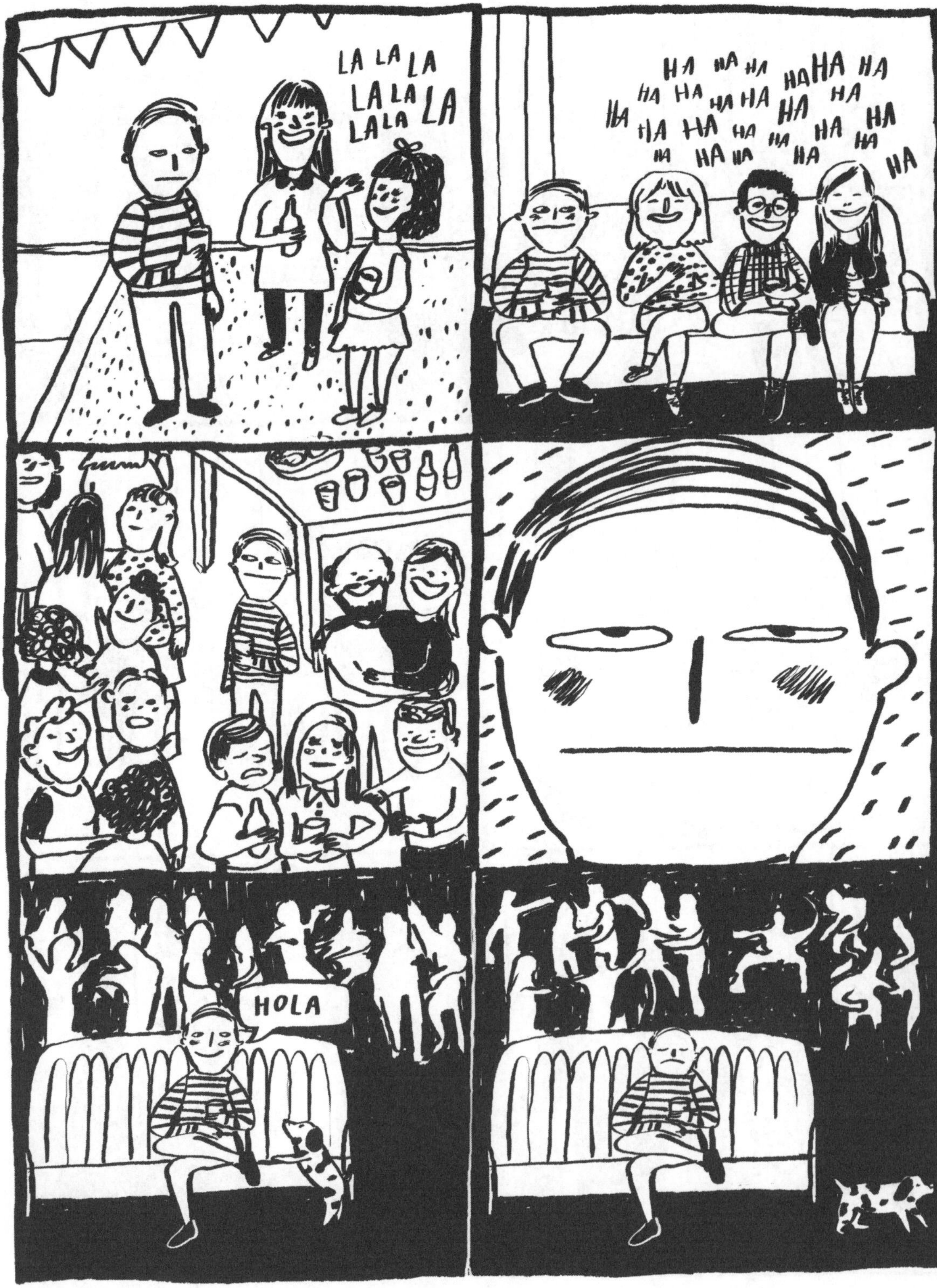

LA LA LA LA LA LA LA LA LA
HA HA HA HA HA HA HA HA HA HA HA HA HA HA HA HA HA HA HA HA HA HA HA HA HA HA HA HA HA
HOLA

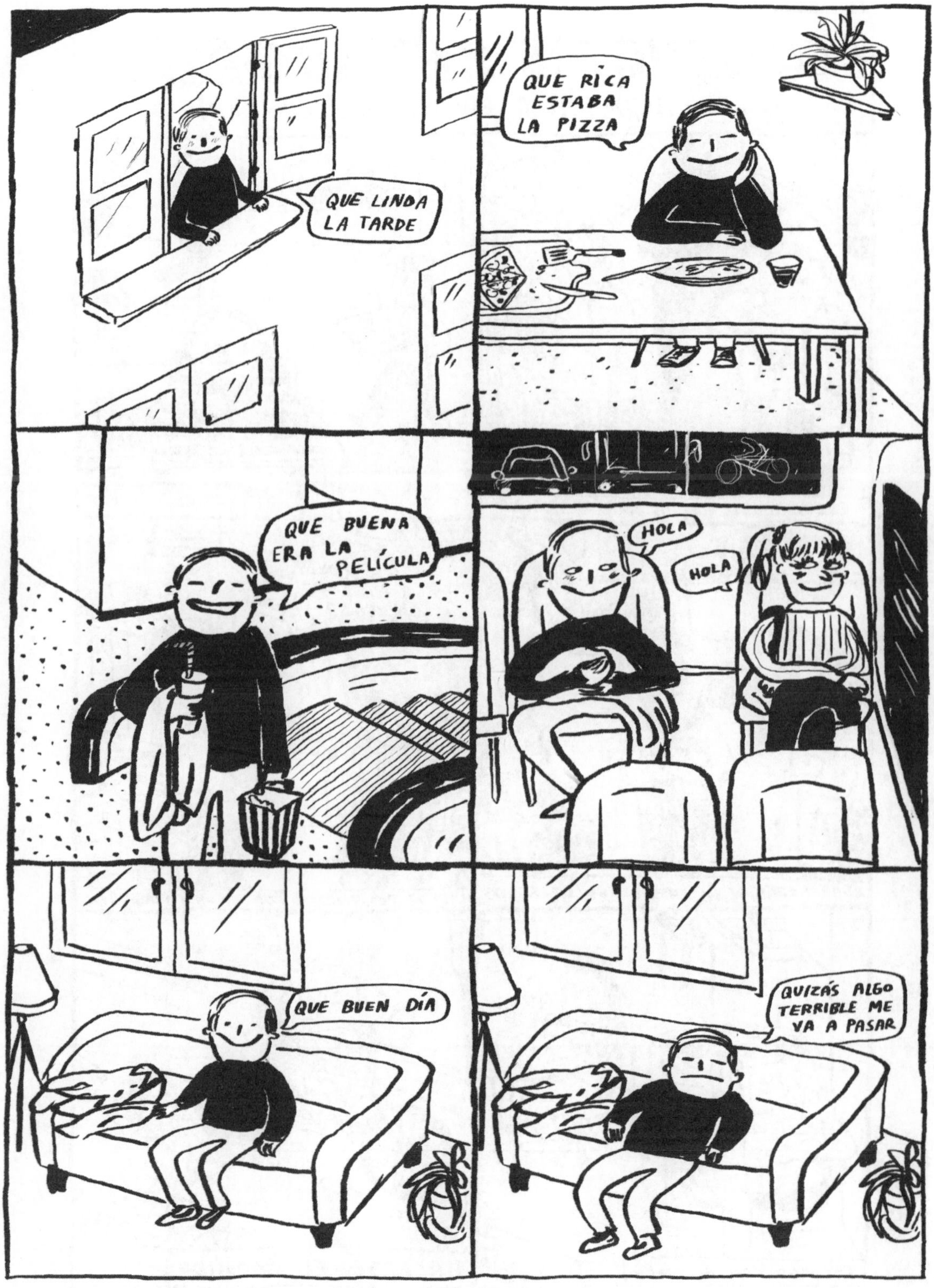
QUE LINDA LA TARDE
QUE RICA ESTABA LA PIZZA
QUE BUENA ERA LA PELÍCULA
HOLA
HOLA
QUE BUEN DÍA
QUIZÁS ALGO TERRIBLE ME VA A PASAR

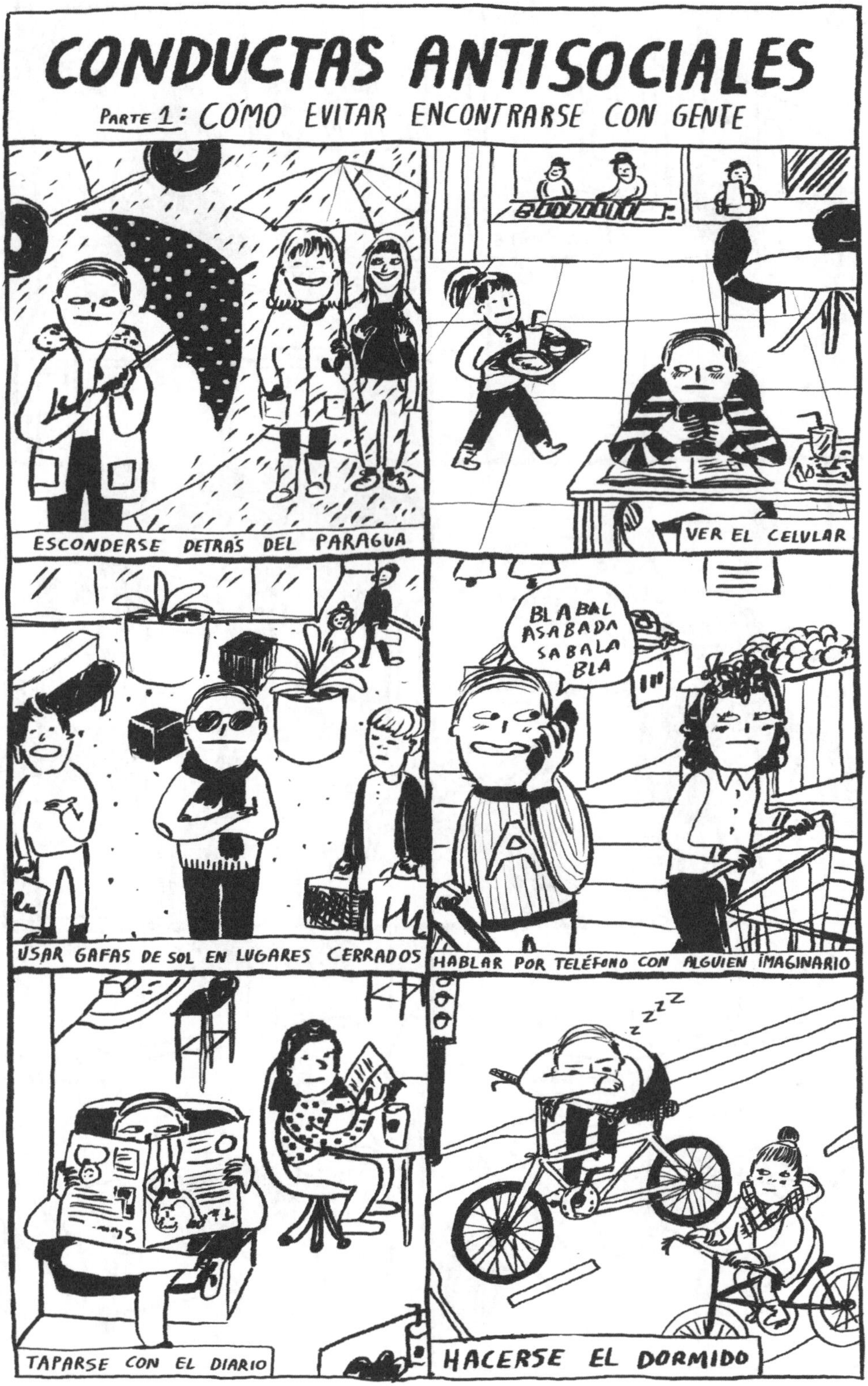
CONDUCTAS ANTISOCIALES
PARTE 1: CÓMO EVITAR ENCONTRARSE CON GENTE
ESCONDERSE DETRÁS DEL PARAGUA
VER EL CELULAR
USAR GAFAS DE SOL EN LUGARES CERRADOS
BLABAL ASABADA SABALA BLA
HABLAR POR TELÉFONO CON ALGUIEN IMAGINARIO
TAPARSE CON EL DIARIO
ZZZZ
HACERSE EL DORMIDO

COSA FAVORITA
#3

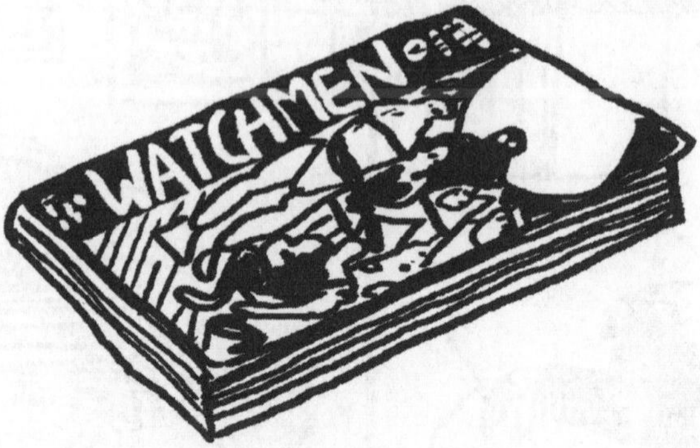
WATCHMEN

EL PRIMER CÓMIC
QUE ME COMPRÉ CON MI
SUELDO. ES UN COMPILADO
DONDE VIENEN TODOS
LOS NÚMEROS EN UN SOLO
LIBRO Y ASÍ ES MEJOR
PORQUE LOS SUELTOS UNO LOS
PRESTA Y SE VAN PERDIENDO.

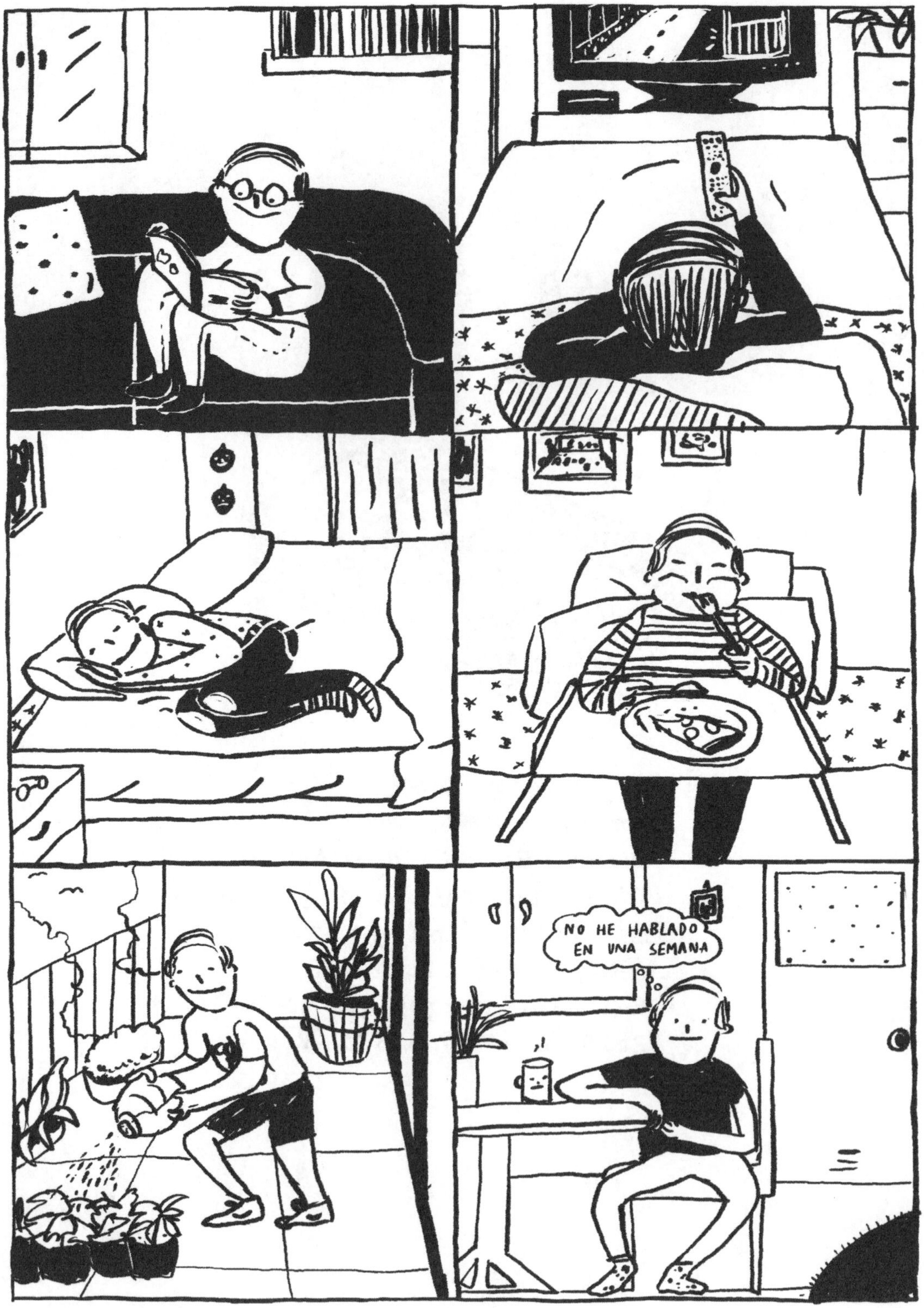
NO HE HABLADO EN UNA SEMANA

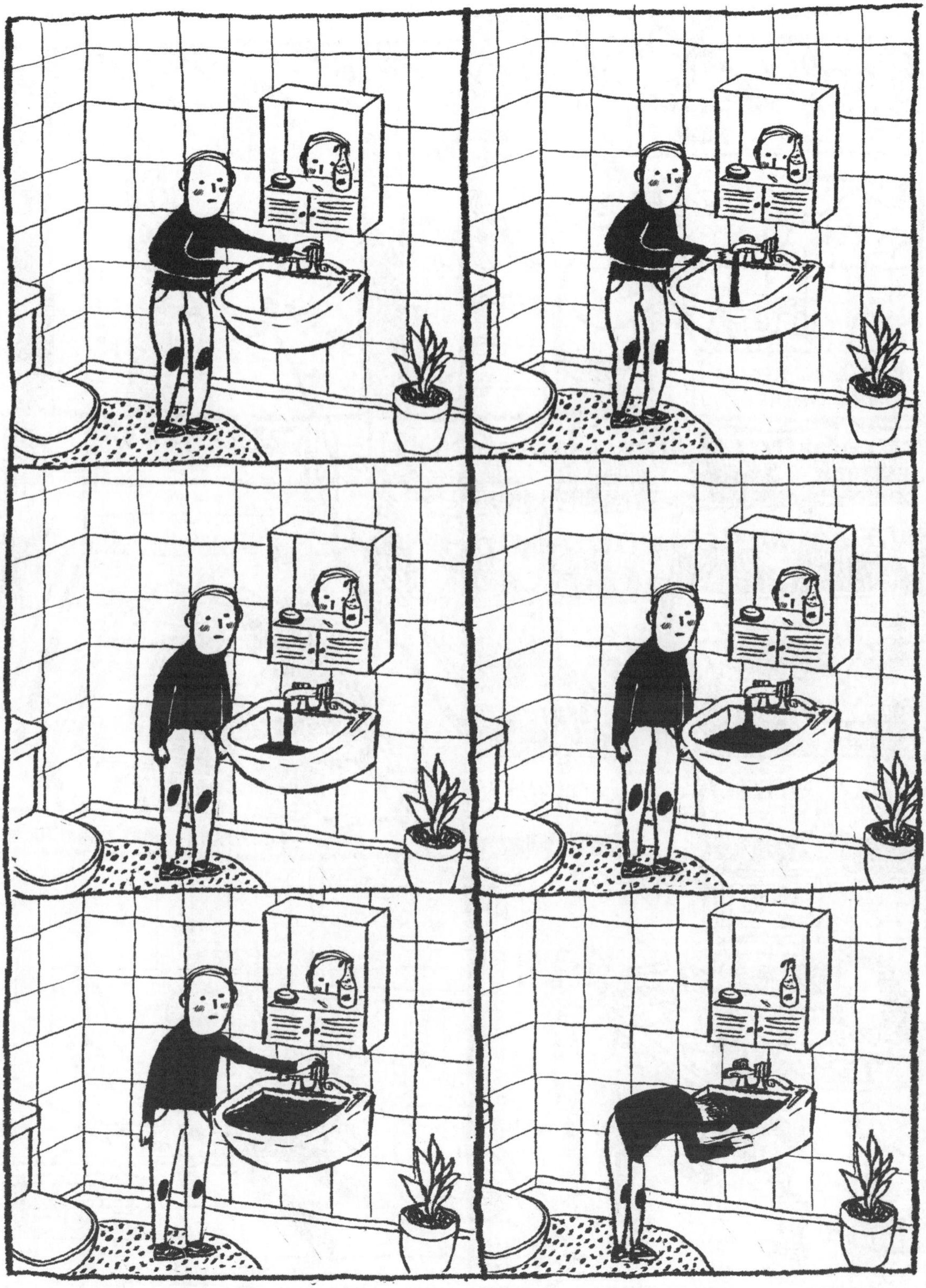

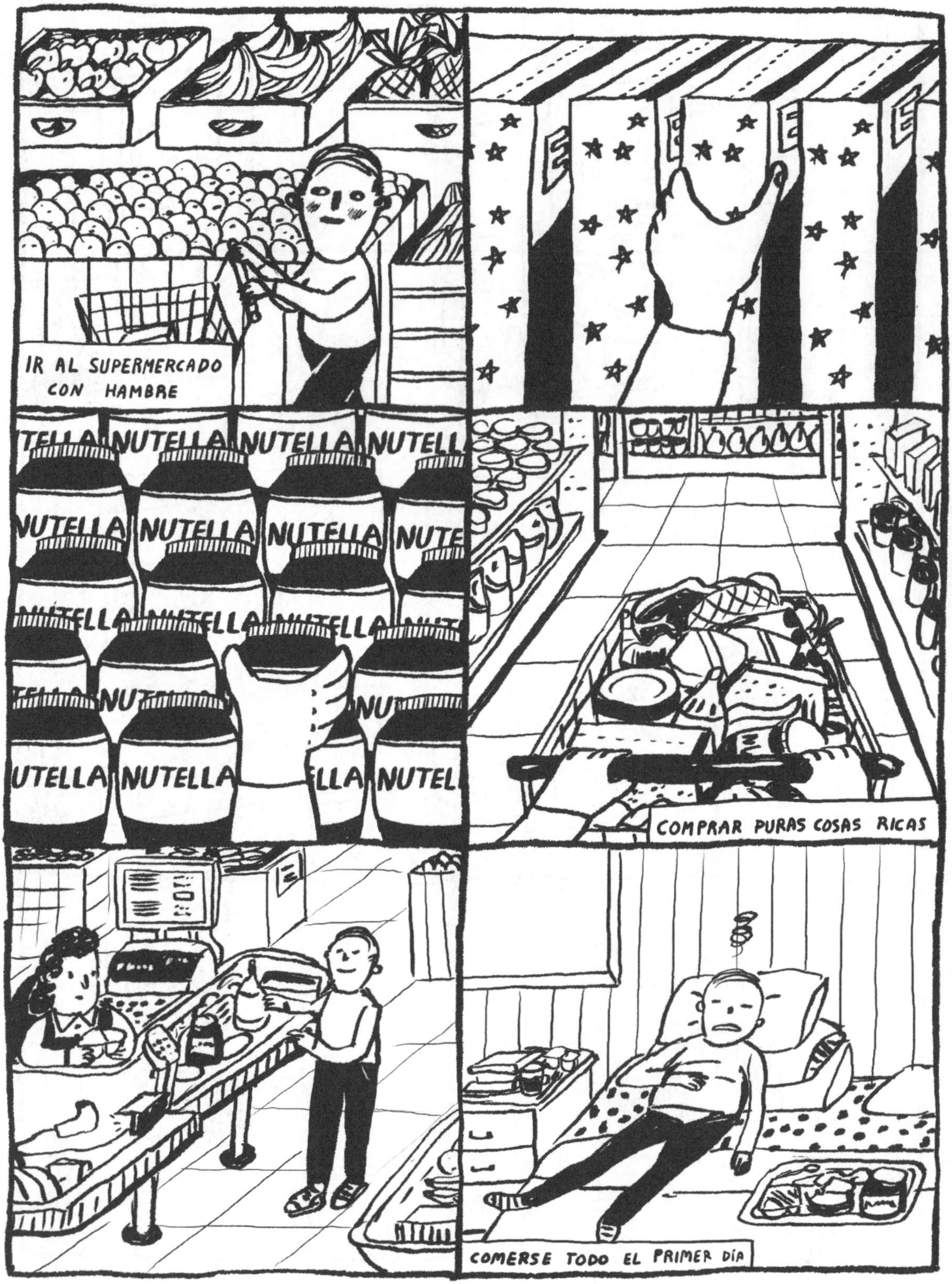
IR AL SUPERMERCADO CON HAMBRE
NUTELLA
COMPRAR PURAS COSAS RICAS
COMERSE TODO EL PRIMER DÍA

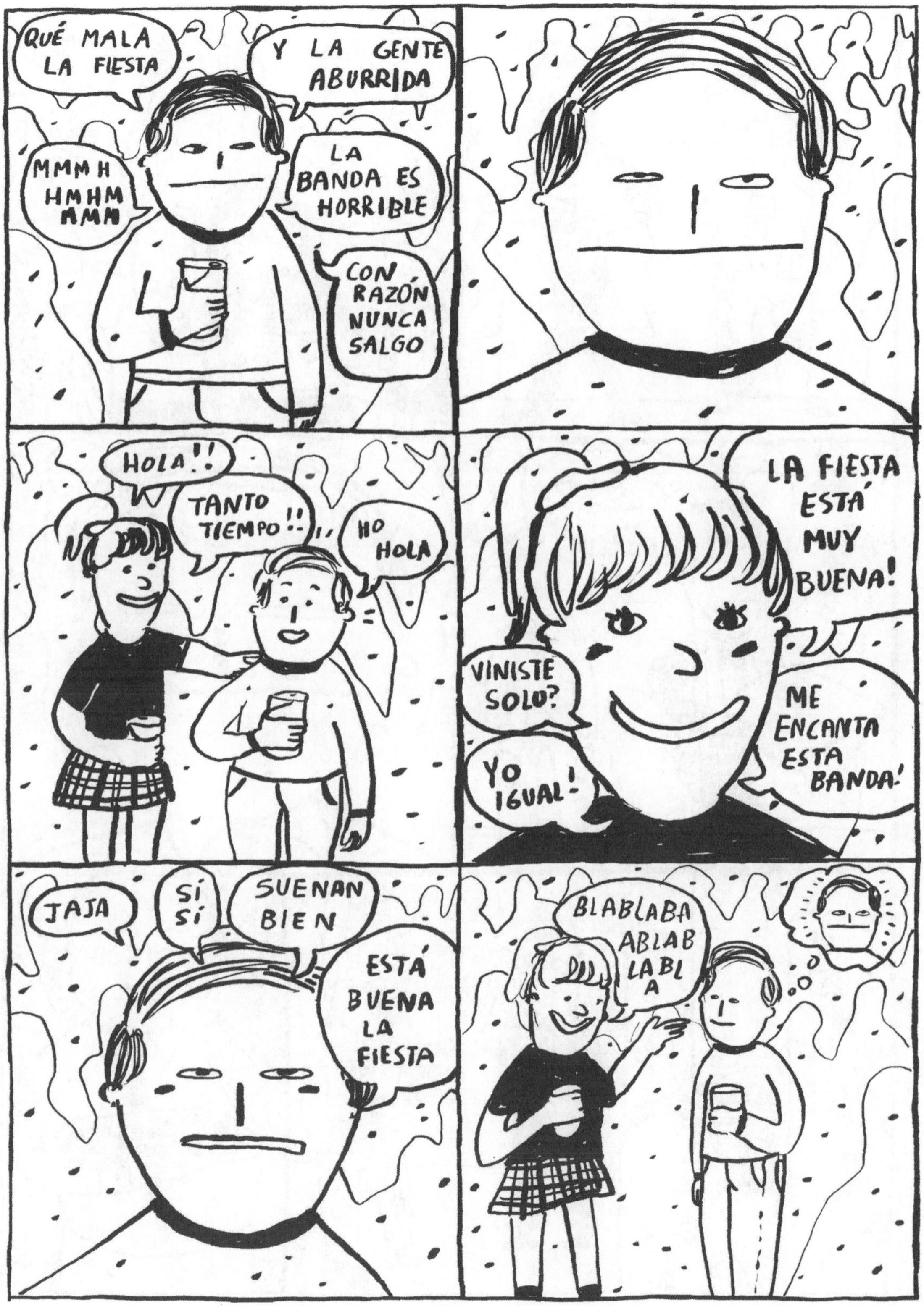
QUÉ MALA LA FIESTA
Y LA GENTE ABURRIDA
MMMH HMHM MMM
LA BANDA ES HORRIBLE
CON RAZÓN NUNCA SALGO
HOLA!!
TANTO TIEMPO!!
HO HOLA
LA FIESTA ESTÁ MUY BUENA!
VINISTE SOLO?
ME ENCANTA ESTA BANDA!
YO IGUAL!
JAJA
SÍ SÍ
SUENAN BIEN
ESTÁ BUENA LA FIESTA
BLABLABA ABLAB LABL A

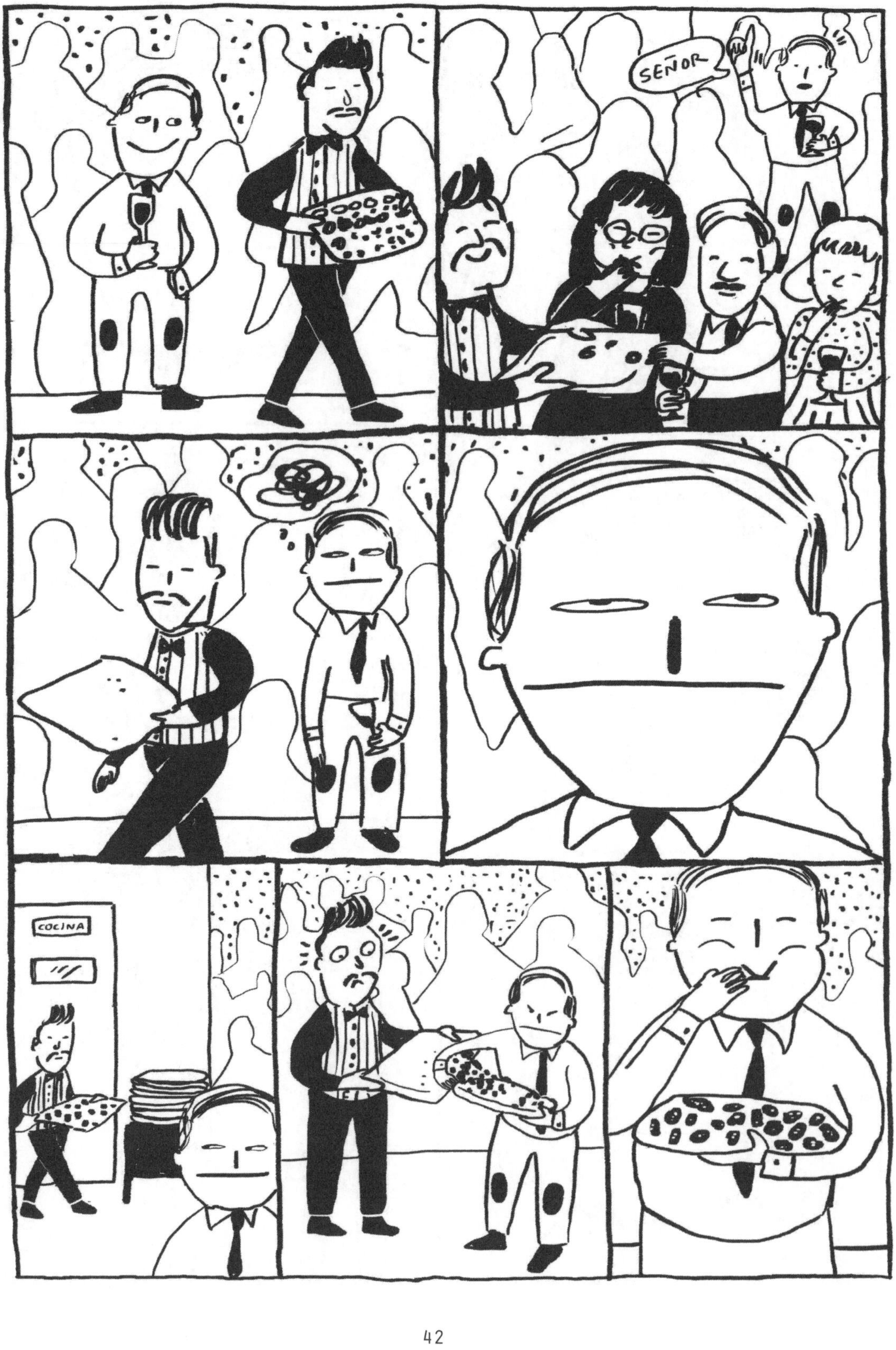
SEÑOR
COCINA

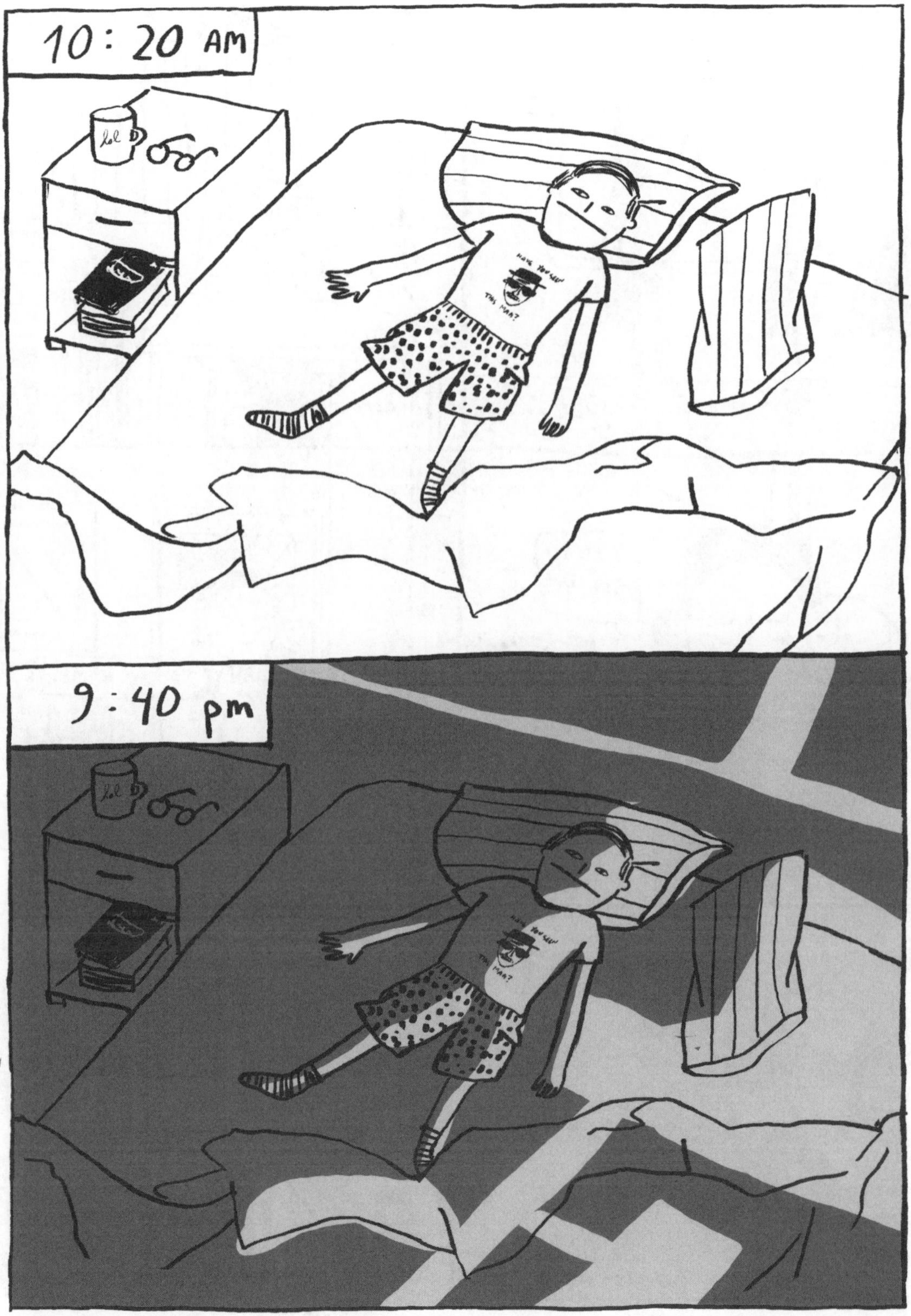
10:20 AM
9:40 pm

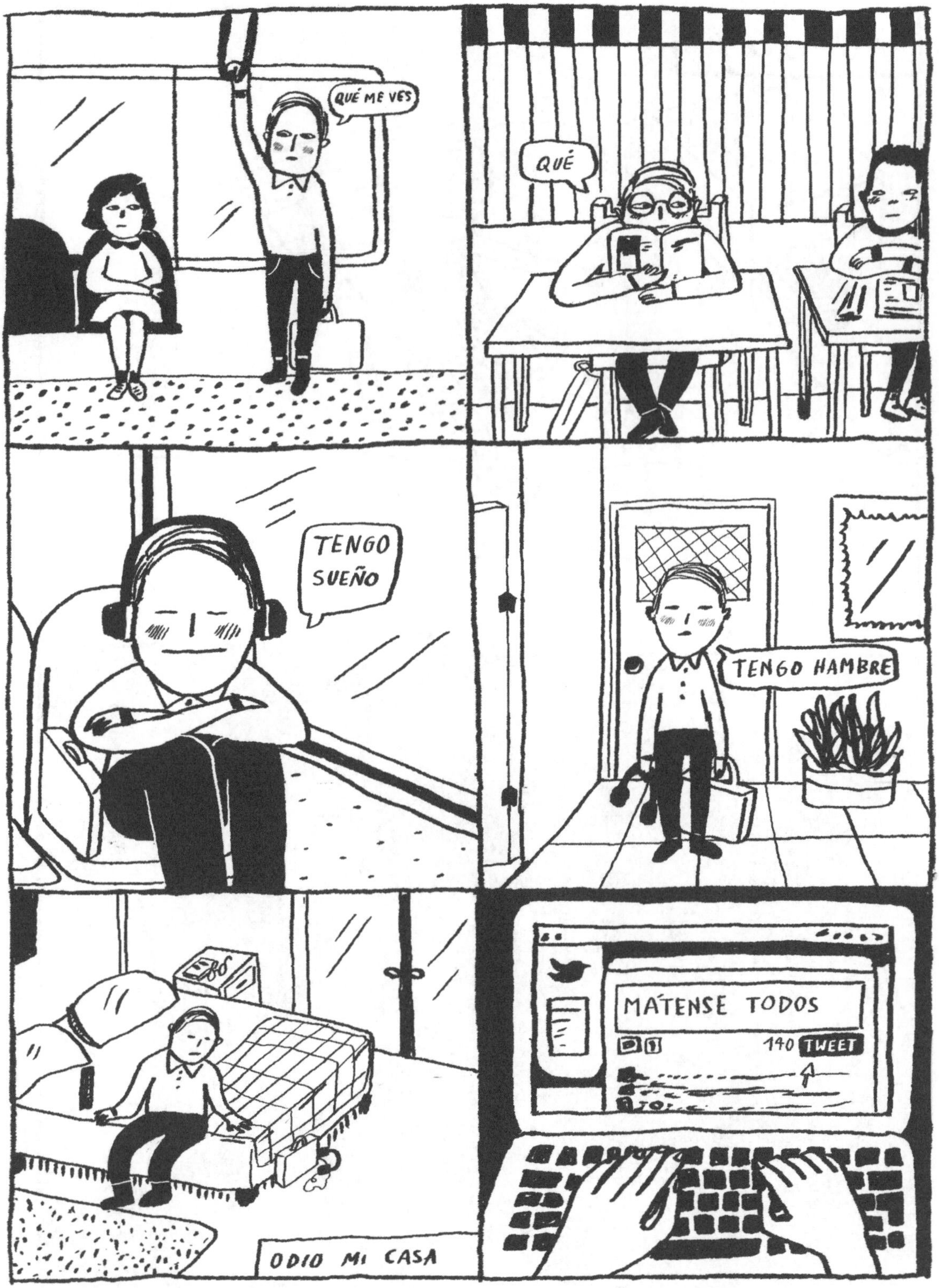
QUÉ ME VES
QUÉ
TENGO SUEÑO
TENGO HAMBRE
ODIO MI CASA
MÁTENSE TODOS
140 TWEET

COSAS QUE ODIO:

#3

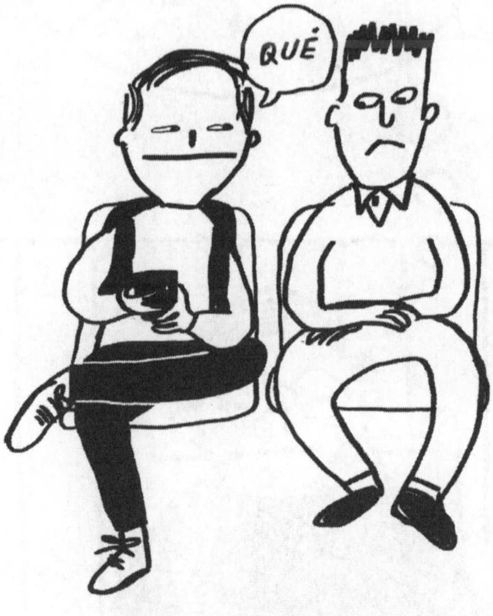
QUÉ

LAS PERSONAS
QUE HUSMEAN MI
TELÉFONO EN EL
METRO

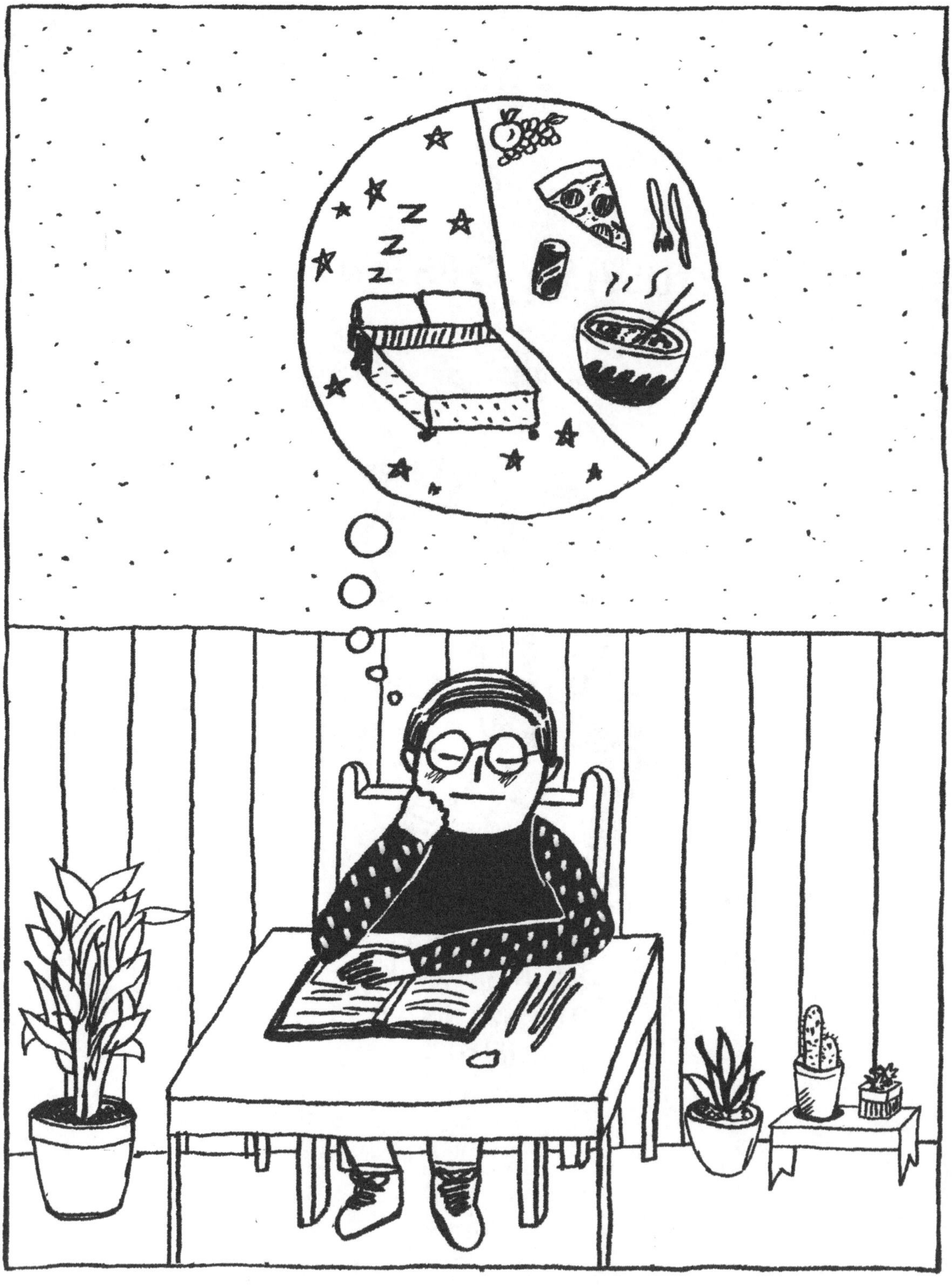

METAS DE ÉSTE AÑO

- TERMINAR DE LEER LOS LIBROS QUE EMPIEZO
- APRENDER A COCINAR BIEN
- HACER EJERCICIO
- IR A DISNEY
- PINTAR MI SALA
- CONOCER EL PLANETARIO
- HABLARLE A LA VECINA
- SER MÁS ALTO

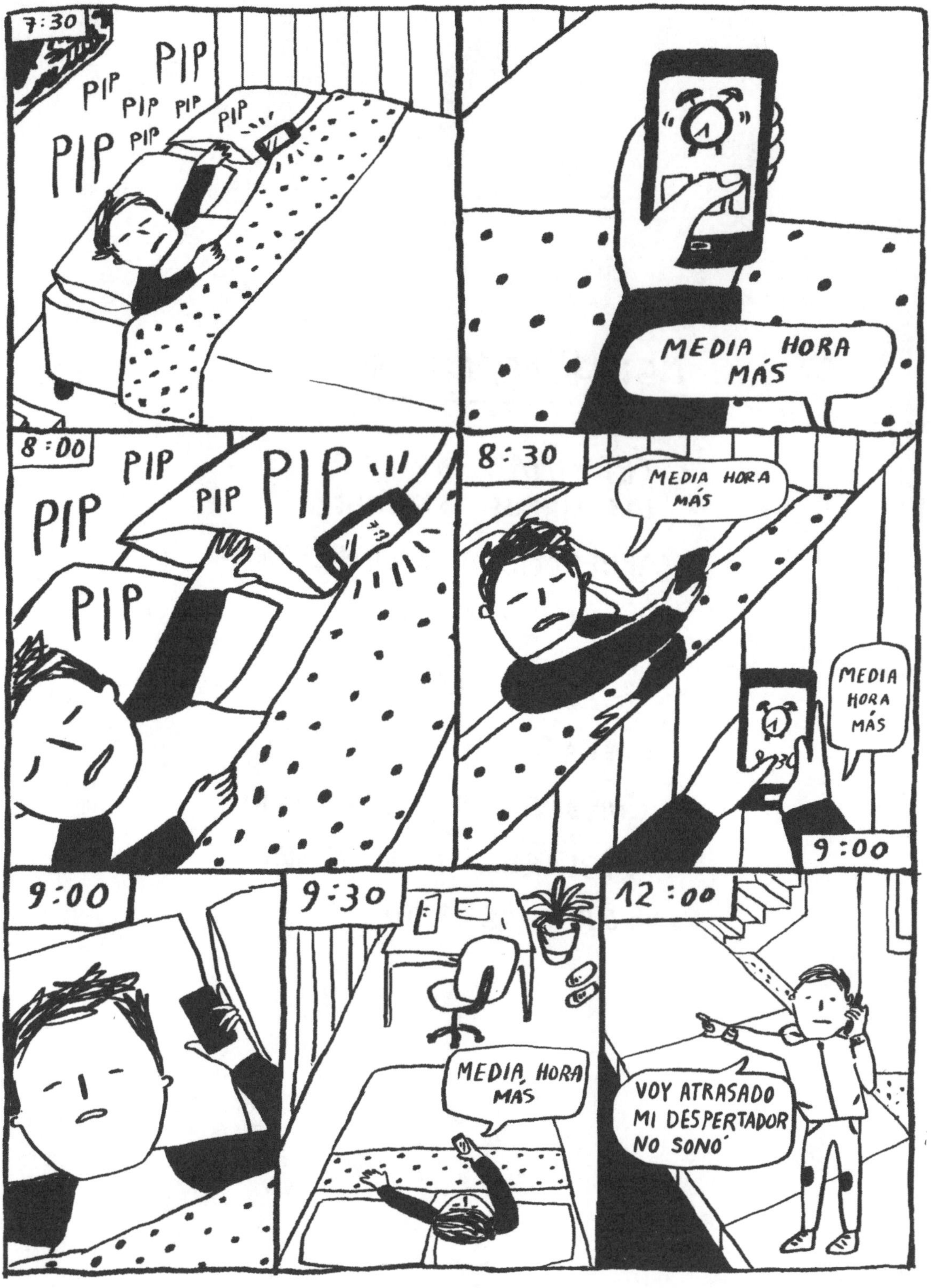
7:30
PIP PIP PIP PIP PIP PIP PIP
MEDIA HORA MÁS
8:00
PIP PIP PIP PIP PIP
8:30
MEDIA HORA MÁS
MEDIA HORA MÁS
9:00
9:00
9:30
MEDIA HORA MÁS
12:00
VOY ATRASADO
MI DESPERTADOR
NO SONÓ

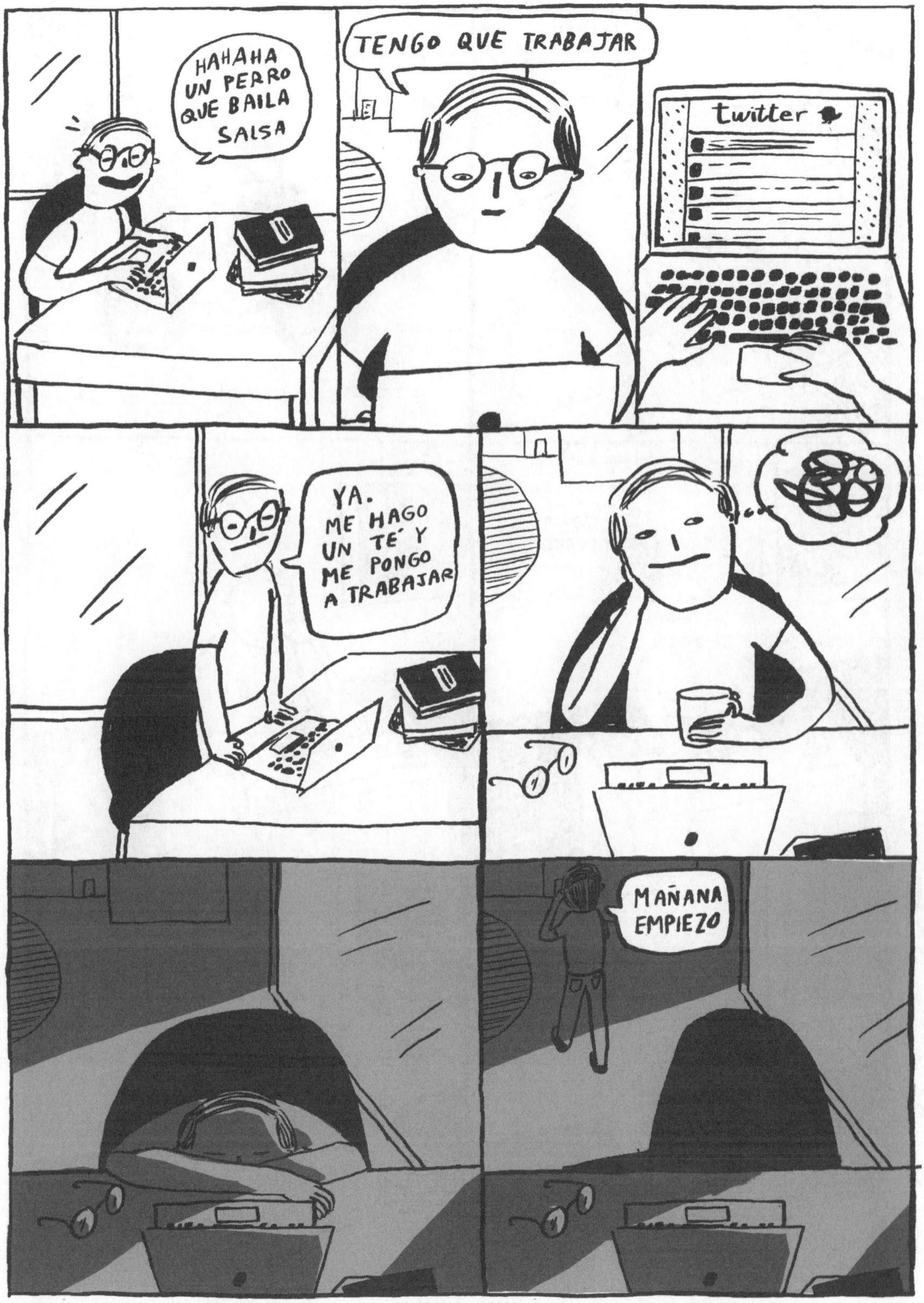
HAHAHA UN PERRO QUE BAILA SALSA
TENGO QUE TRABAJAR
twitter
YA. ME HAGO UN TÉ Y ME PONGO A TRABAJAR
MAÑANA EMPIEZO

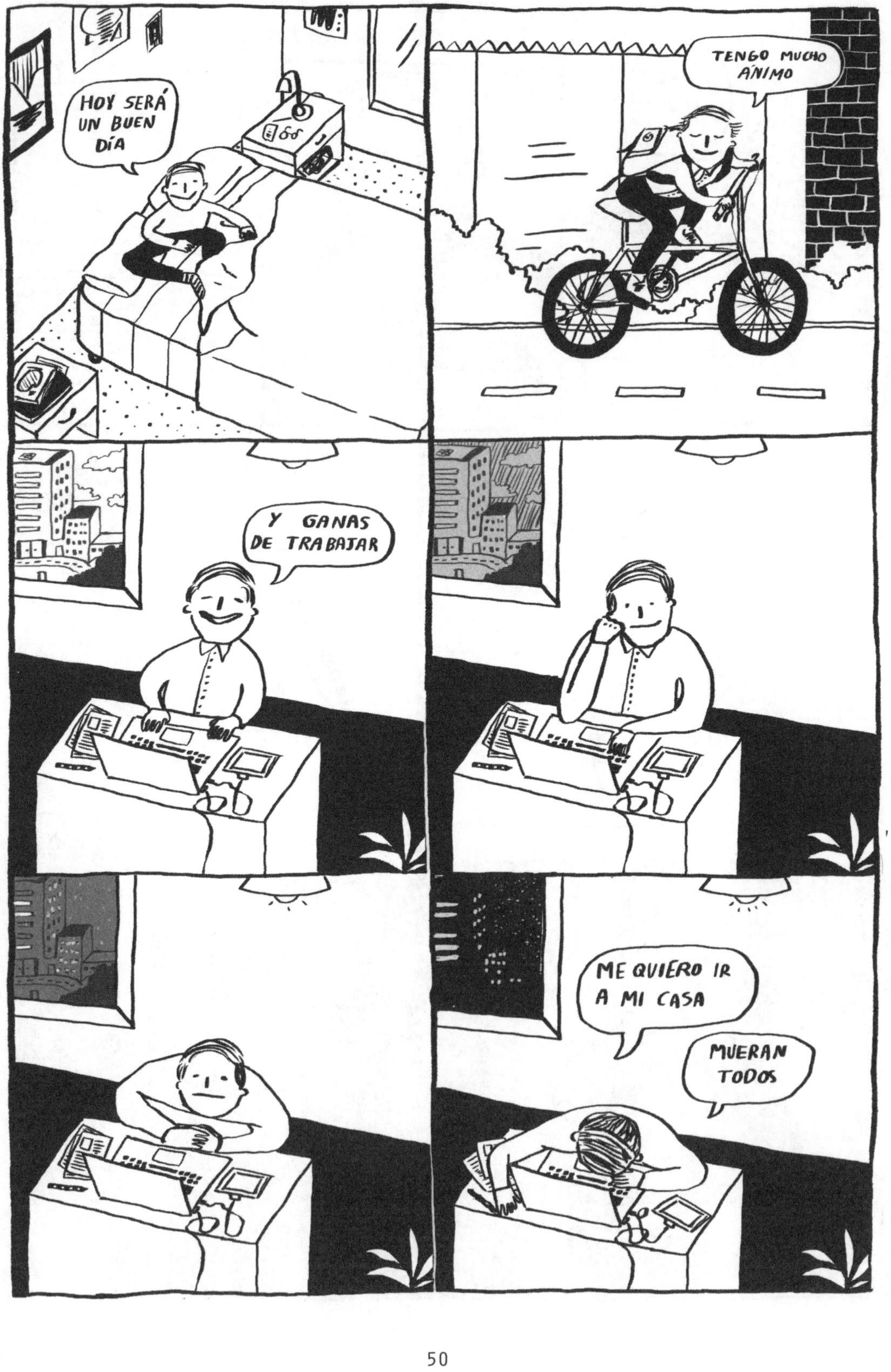

HOY SERÁ UN BUEN DÍA
TENGO MUCHO ÁNIMO
Y GANAS DE TRABAJAR
ME QUIERO IR A MI CASA
MUERAN TODOS

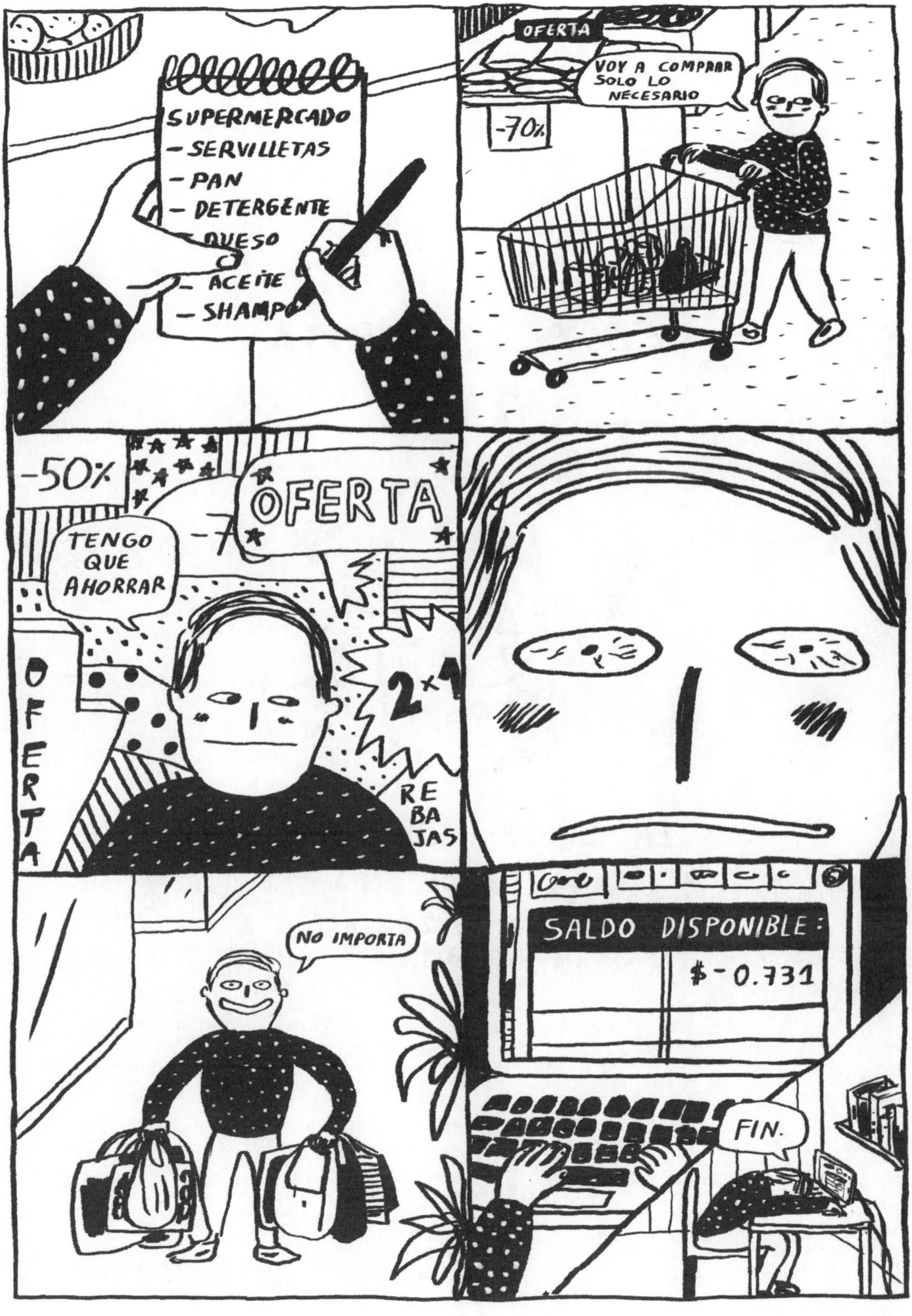
SUPERMERCADO
— SERVILLETAS
— PAN
— DETERGENTE
— QUESO
— ACEITE
— SHAMPO
OFERTA
VOY A COMPRAR SOLO LO NECESARIO
-70%
-50%
OFERTA
TENGO QUE AHORRAR
OFERTA
2x1
REBAJAS
NO IMPORTA
SALDO DISPONIBLE:
$-0.731
FIN.

COSA FAVORITA
#4

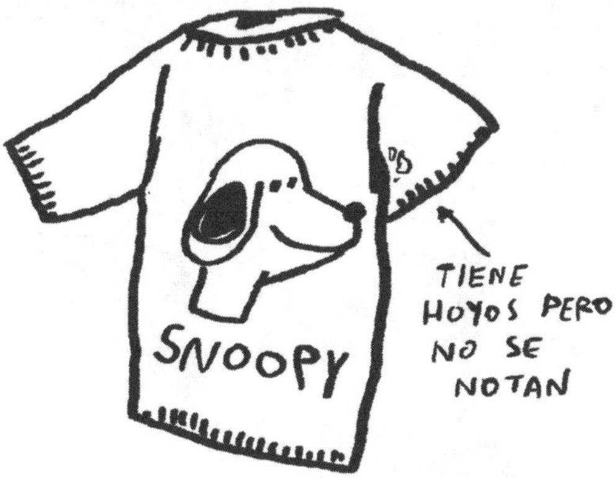
SNOOPY
TIENE HOYOS PERO NO SE NOTAN

LA CAMISETA DE SNUPÍ.
A TENGO DESDE LOS 12
AÑOS Y A VECES LA USO
DE PIJAMA.

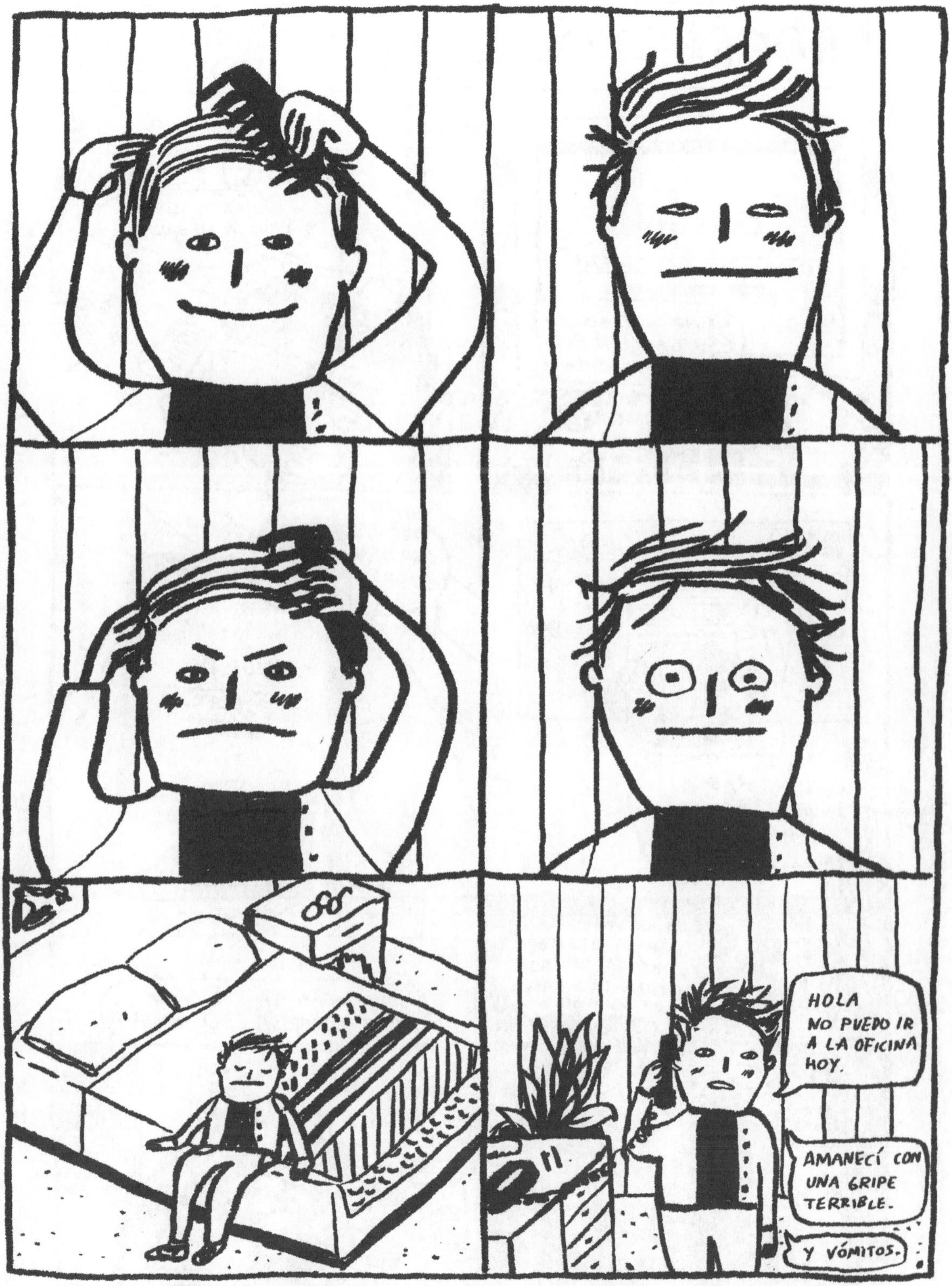
HOLA
NO PUEDO IR A LA OFICINA HOY.
AMANECÍ CON UNA GRIPE TERRIBLE.
Y VÓMITOS.

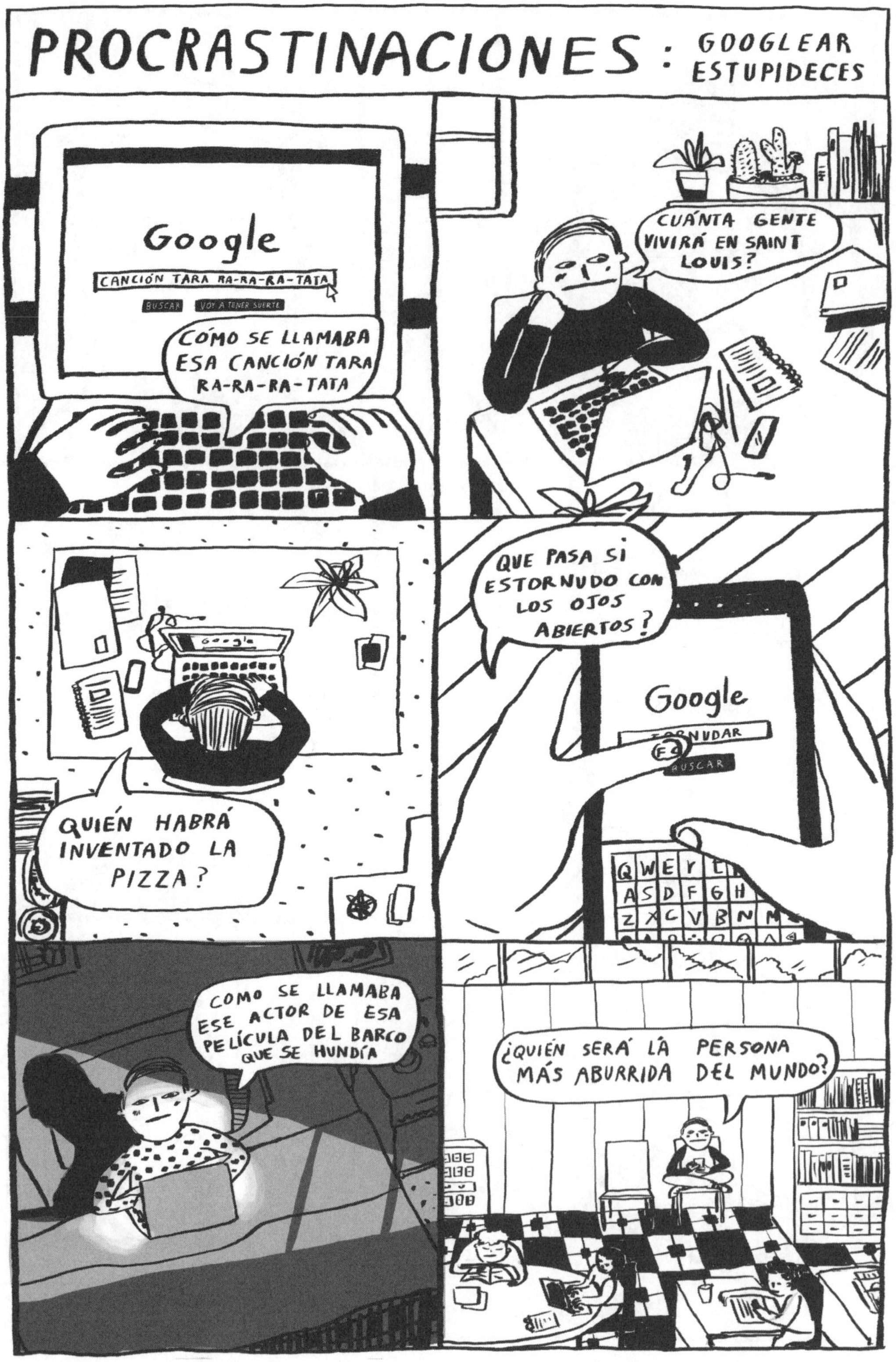
PROCRASTINACIONES: GOOGLEAR ESTUPIDECES
Google
CANCIÓN TARA RA-RA-RA-TATA
BUSCAR
VOY A TENER SUERTE
CÓMO SE LLAMABA ESA CANCIÓN TARA RA-RA-RA-TATA
CUÁNTA GENTE VIVIRÁ EN SAINT LOUIS?
QUIÉN HABRÁ INVENTADO LA PIZZA?
QUE PASA SI ESTORNUDO CON LOS OJOS ABIERTOS?
Google
BUSCAR
COMO SE LLAMABA ESE ACTOR DE ESA PELÍCULA DEL BARCO QUE SE HUNDÍA
¿QUIÉN SERÁ LÁ PERSONA MÁS ABURRIDA DEL MUNDO?

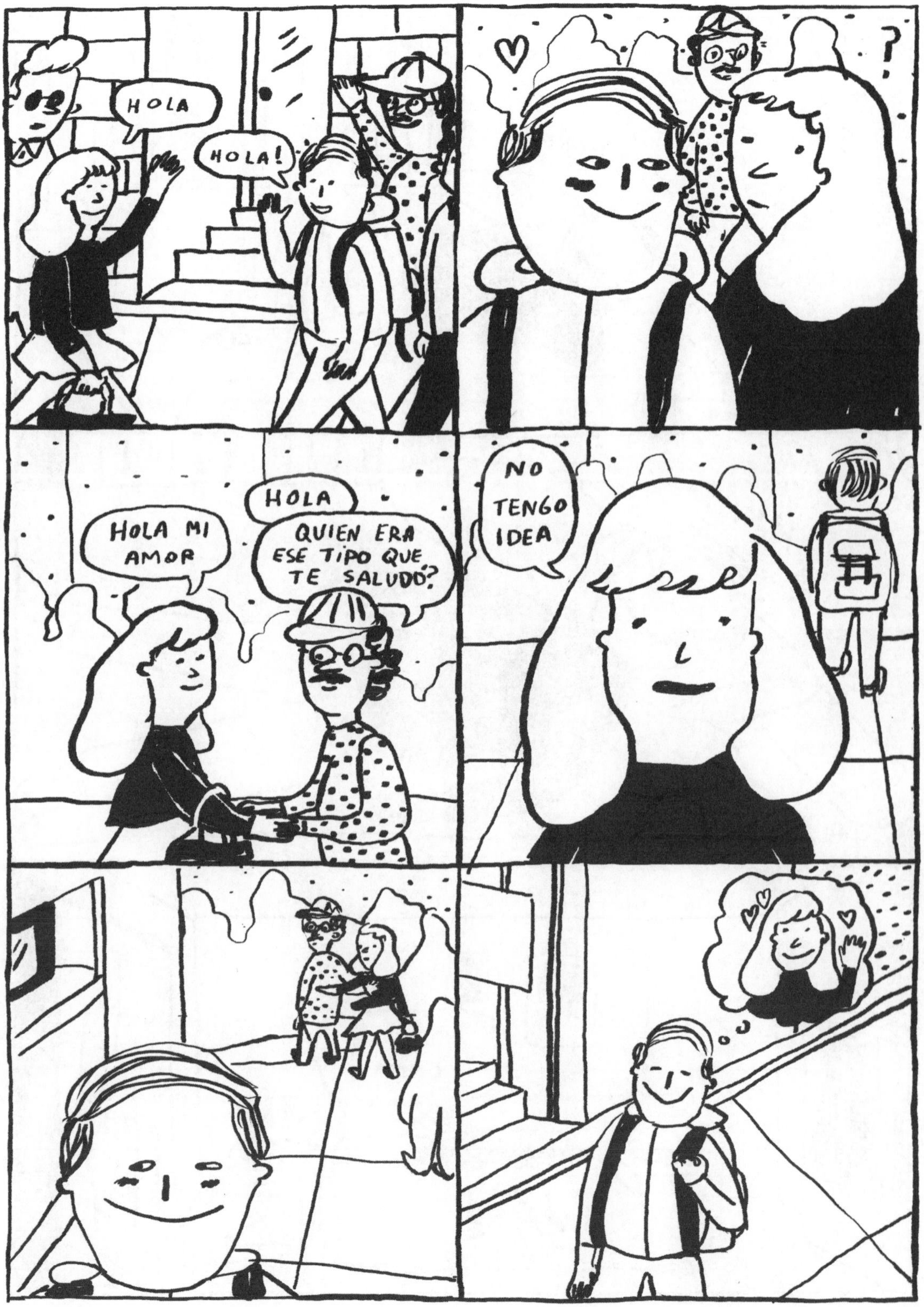
HOLA
HOLA!
HOLA MI AMOR
HOLA
QUIEN ERA ESE TIPO QUE TE SALUDÓ?
NO TENGO IDEA

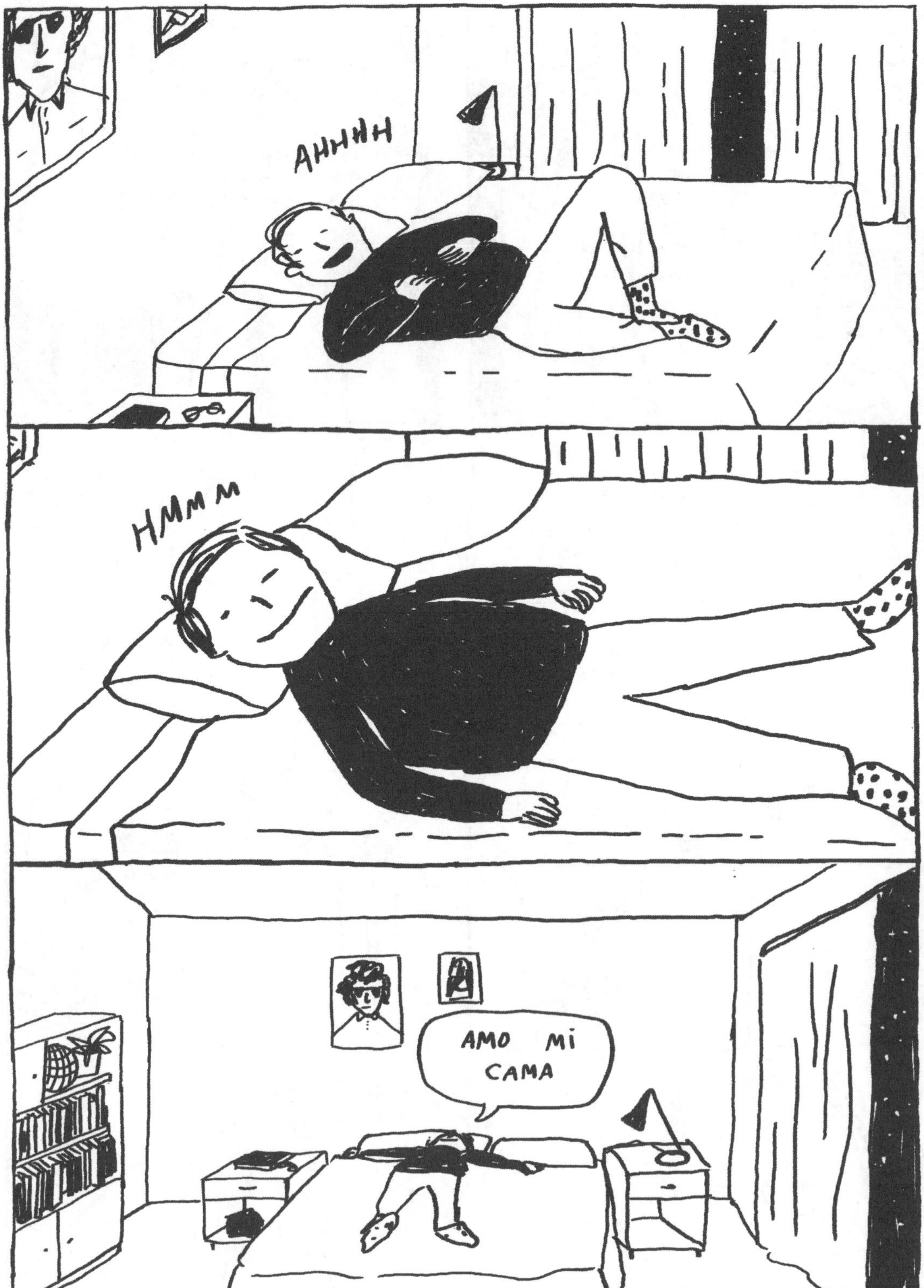
AHHHH
HMMM
AMO MI CAMA

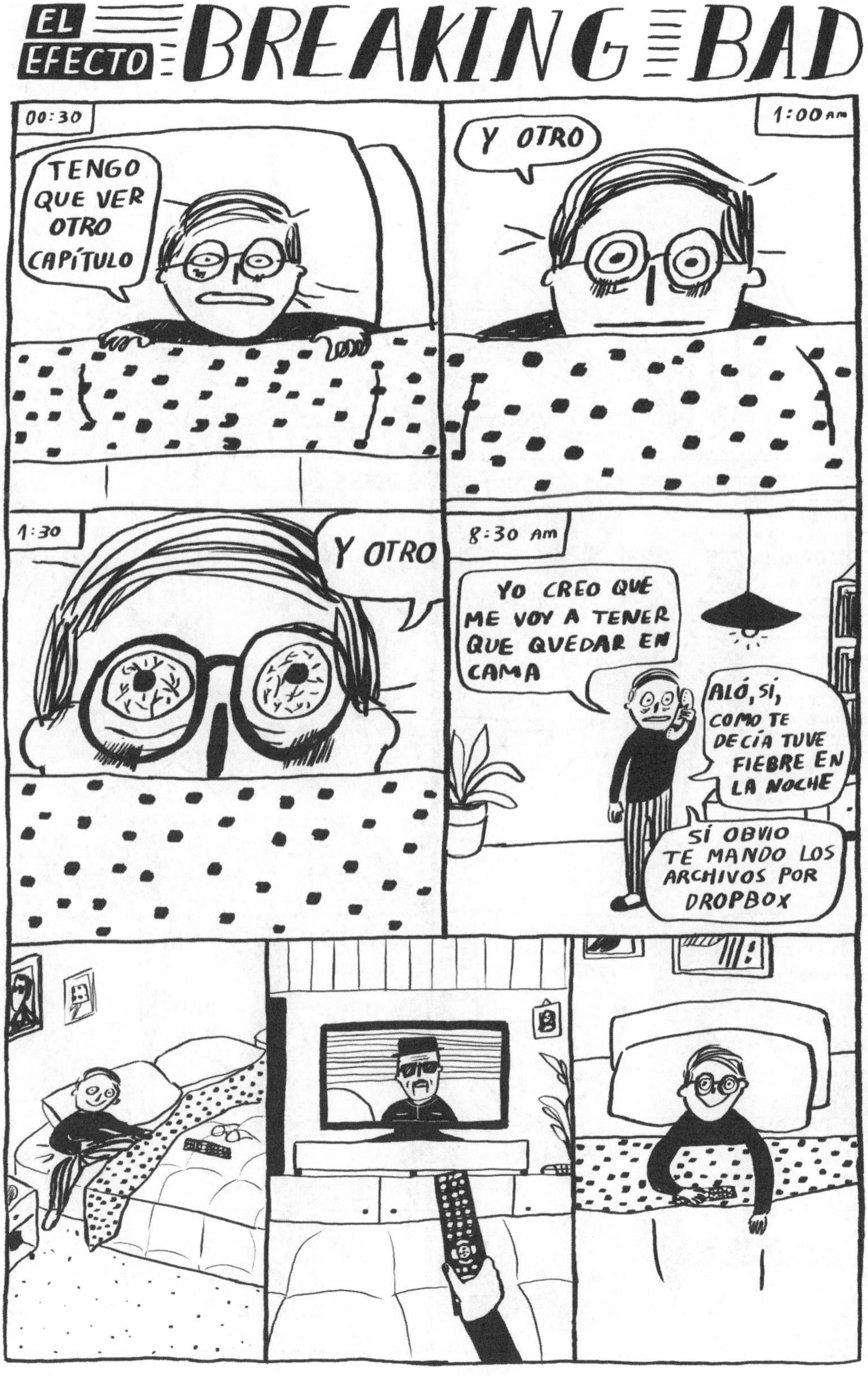
EL EFECTO BREAKING BAD
00:30
TENGO QUE VER OTRO CAPÍTULO
1:00 AM
Y OTRO
1:30
Y OTRO
8:30 AM
YO CREO QUE ME VOY A TENER QUE QUEDAR EN CAMA
ALÓ, SÍ, COMO TE DECÍA TUVE FIEBRE EN LA NOCHE
SÍ OBVIO TE MANDO LOS ARCHIVOS POR DROPBOX

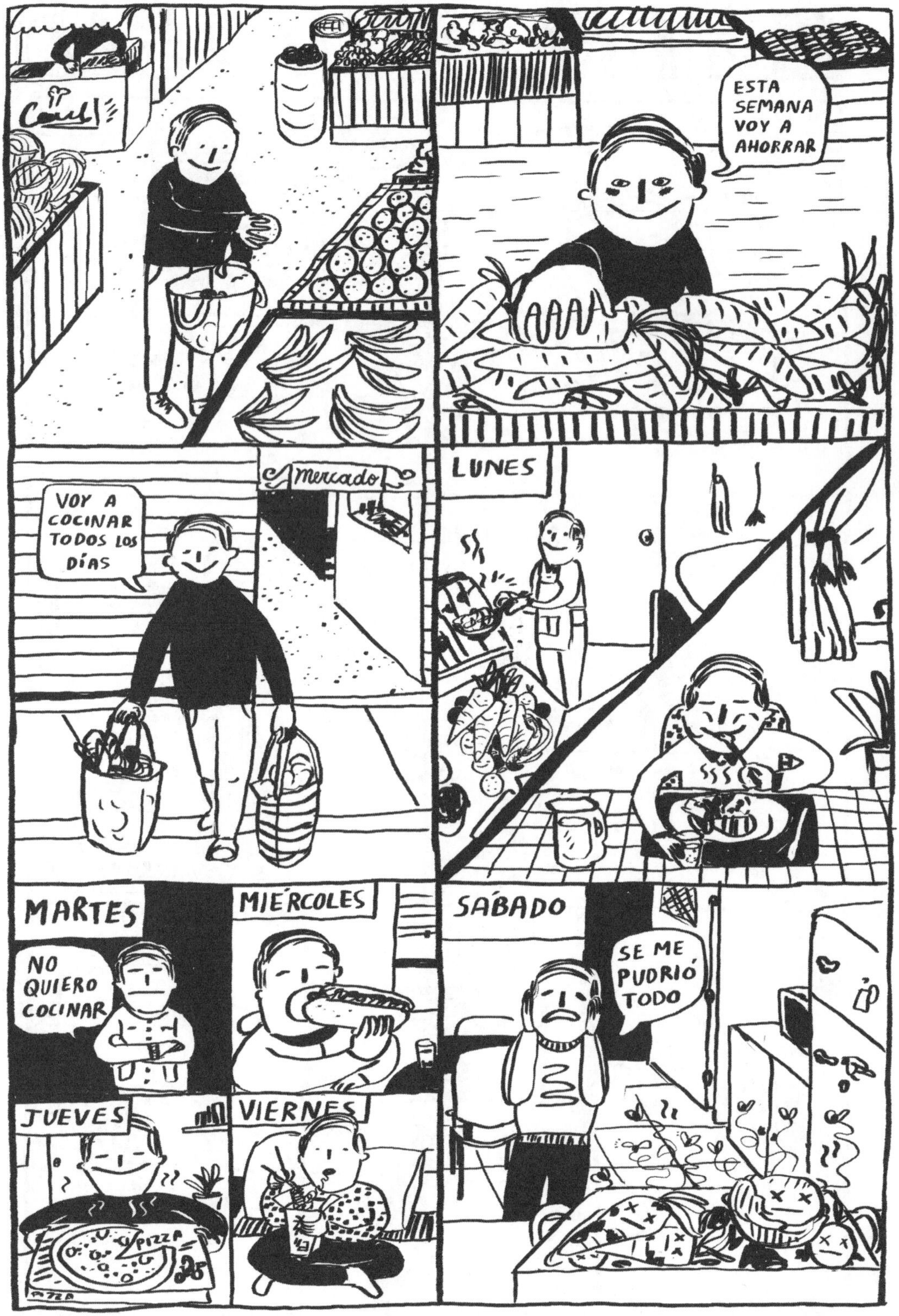
Conacl
ESTA SEMANA VOY A AHORRAR
Mercado
VOY A COCINAR TODOS LOS DÍAS
LUNES
MARTES
NO QUIERO COCINAR
MIÉRCOLES
SÁBADO
SE ME PUDRIÓ TODO
JUEVES
PIZZA
VIERNES

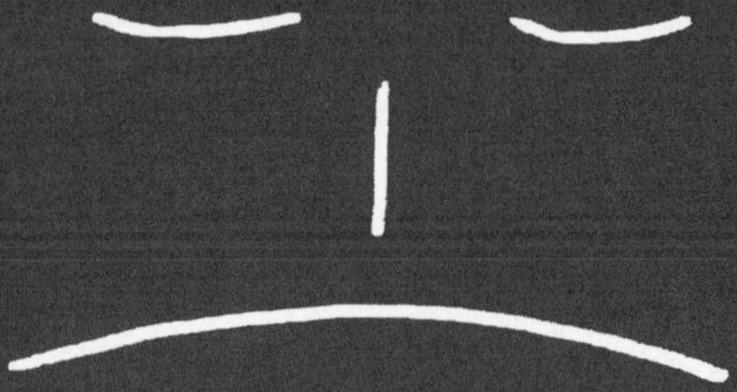

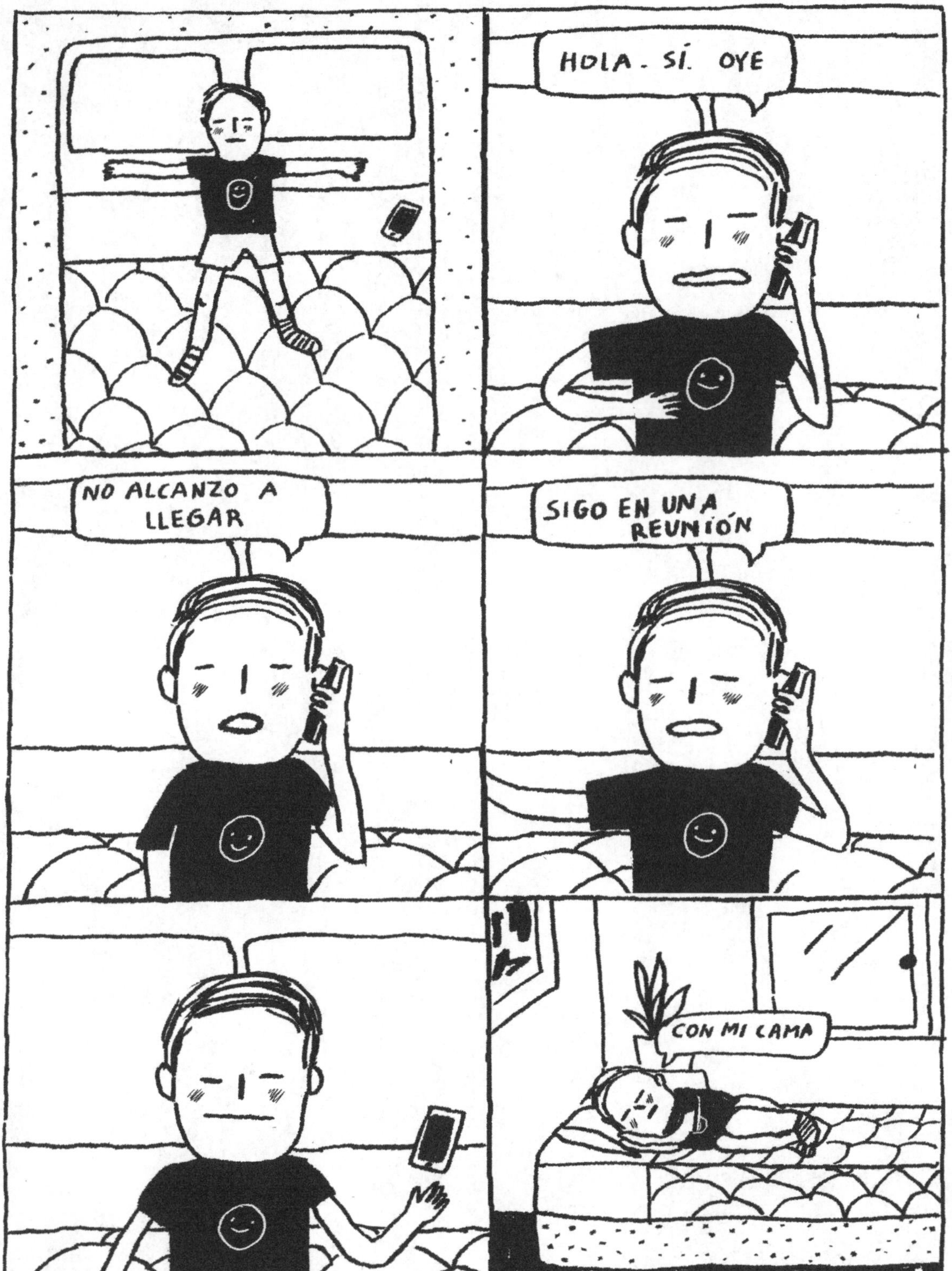
HOLA. SÍ. OYE
NO ALCANZO A LLEGAR
SIGO EN UNA REUNIÓN
CON MI CAMA

COSAS QUE ODIO
#4

PISAR AGUA
CON CALCETINES

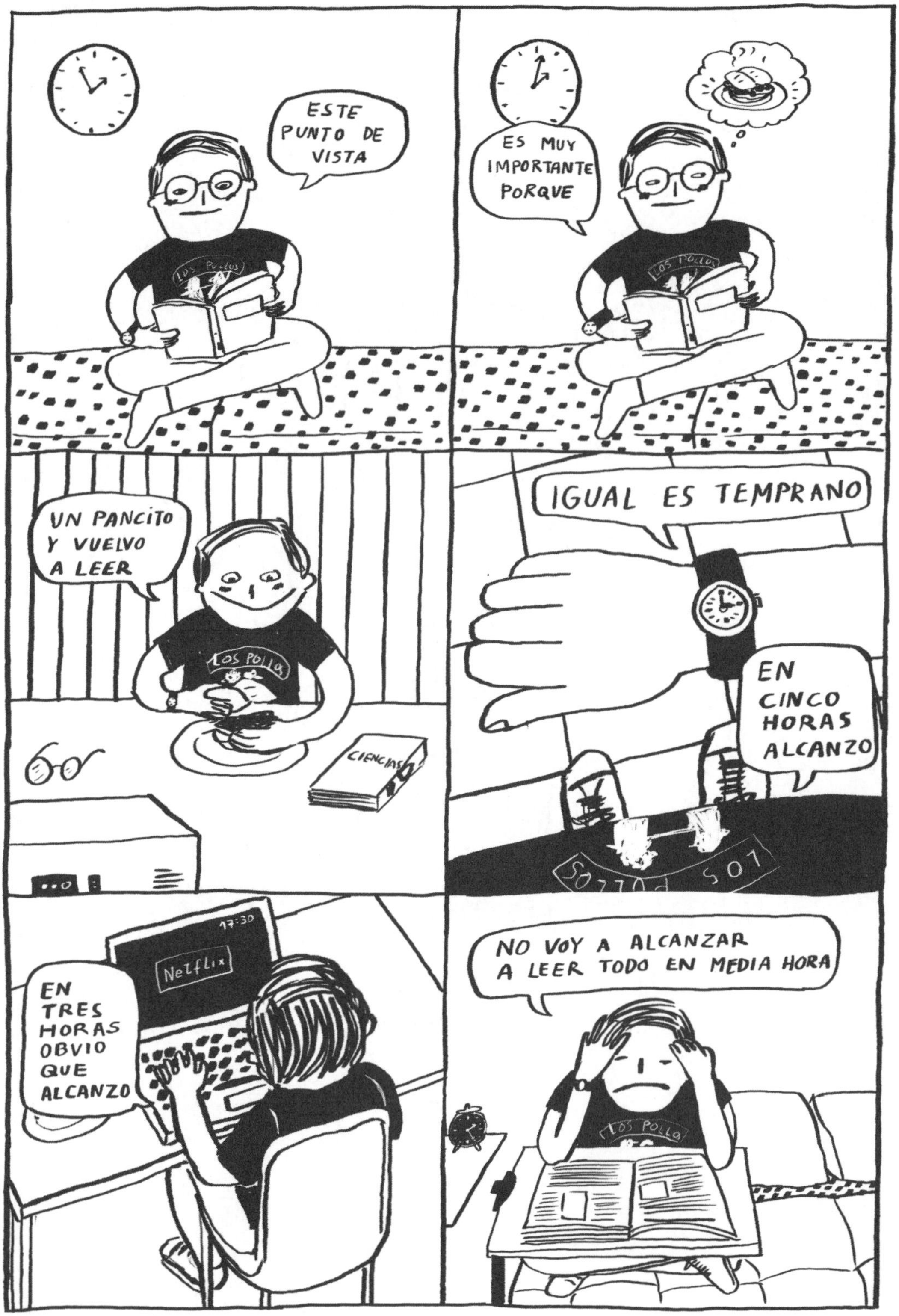
ESTE PUNTO DE VISTA
ES MUY IMPORTANTE PORQUE
UN PANCITO Y VUELVO A LEER
CIENCIAS
IGUAL ES TEMPRANO
EN CINCO HORAS ALCANZO
LOS POLLOS
17:30
Netflix
EN TRES HORAS OBVIO QUE ALCANZO
NO VOY A ALCANZAR A LEER TODO EN MEDIA HORA

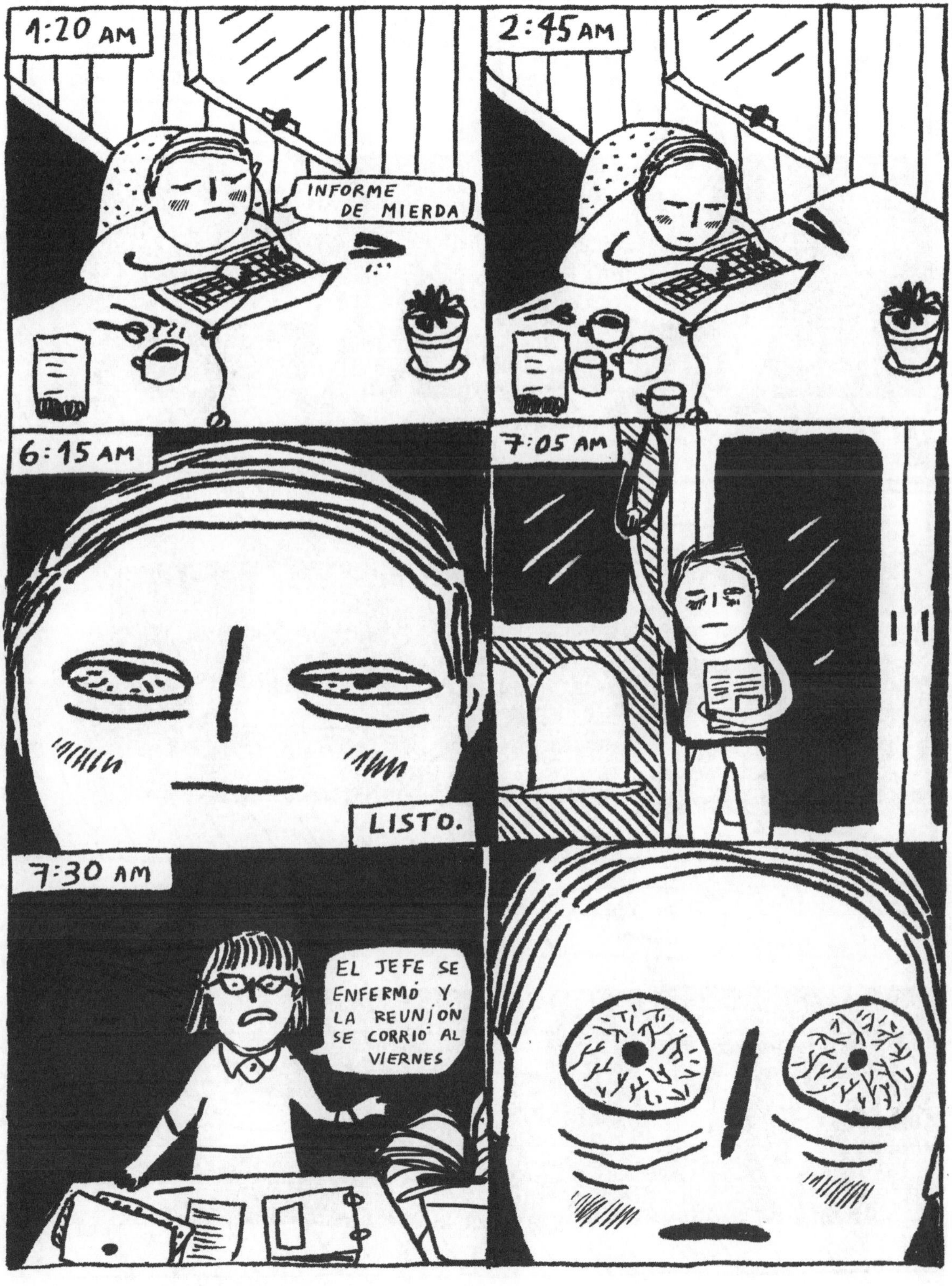
1:20 AM
INFORME DE MIERDA
2:45 AM
6:15 AM
LISTO.
7:05 AM
7:30 AM
EL JEFE SE ENFERMÓ Y LA REUNIÓN SE CORRIÓ AL VIERNES

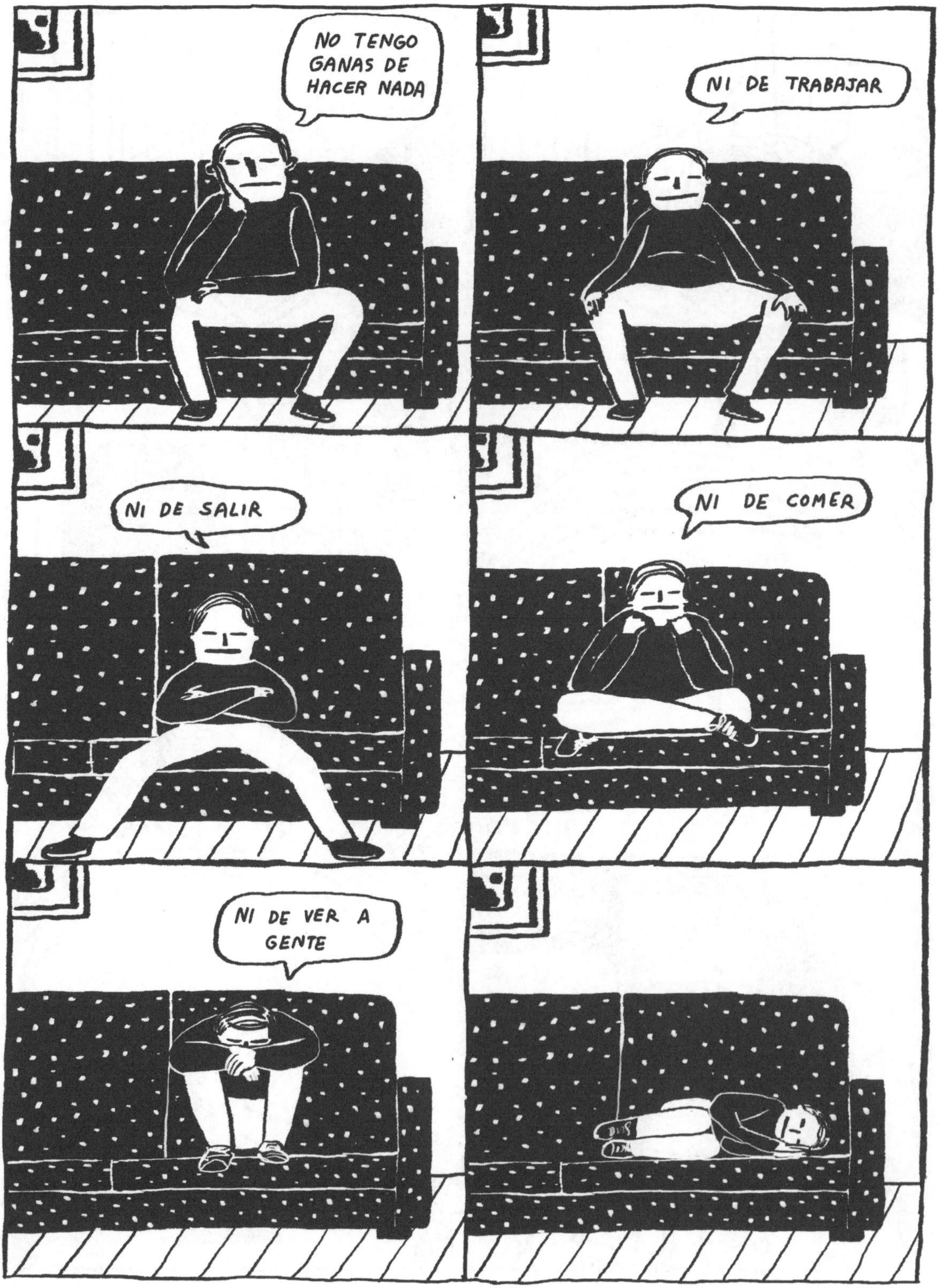
NO TENGO GANAS DE HACER NADA
NI DE TRABAJAR
NI DE SALIR
NI DE COMER
NI DE VER A GENTE

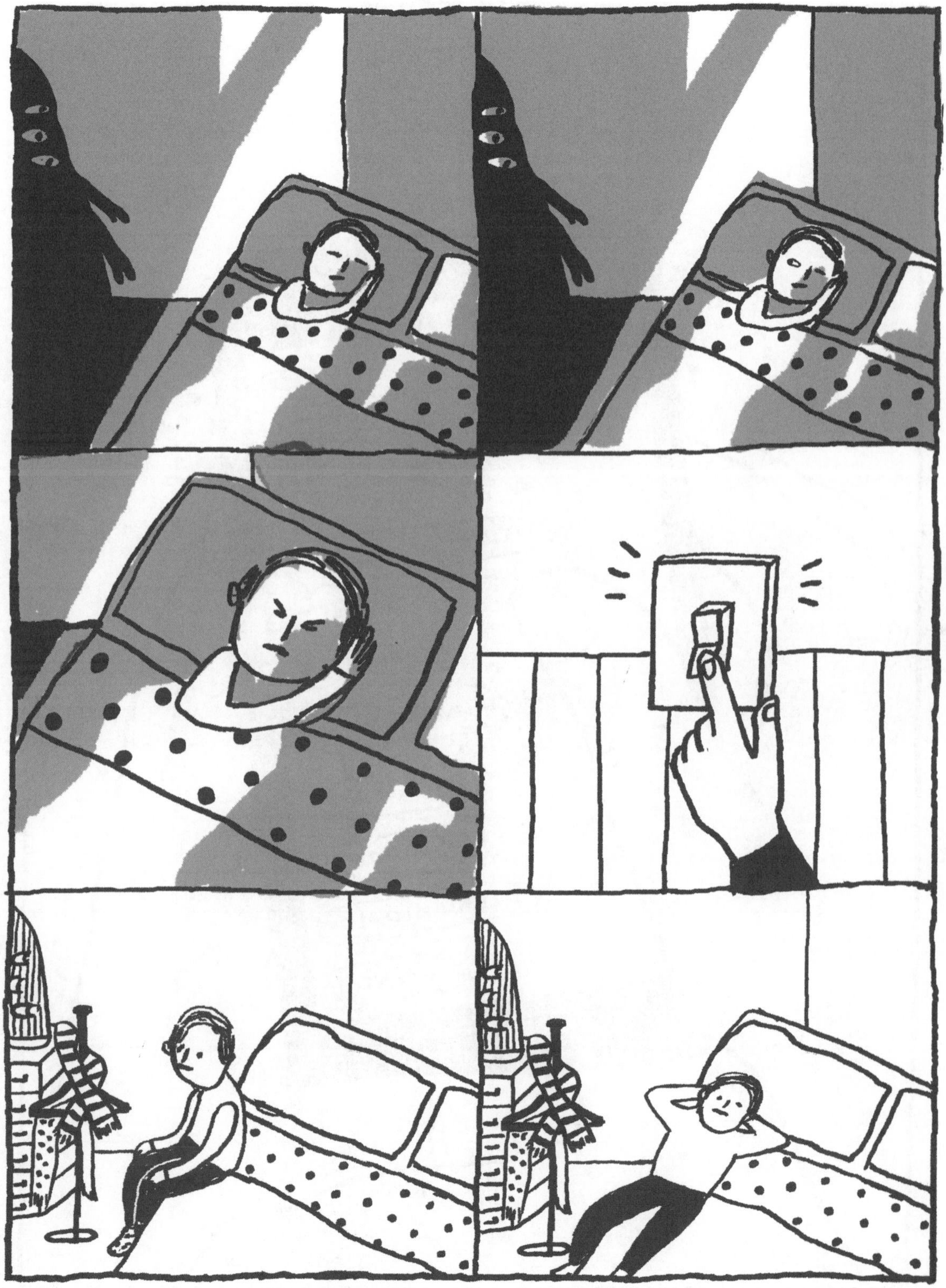

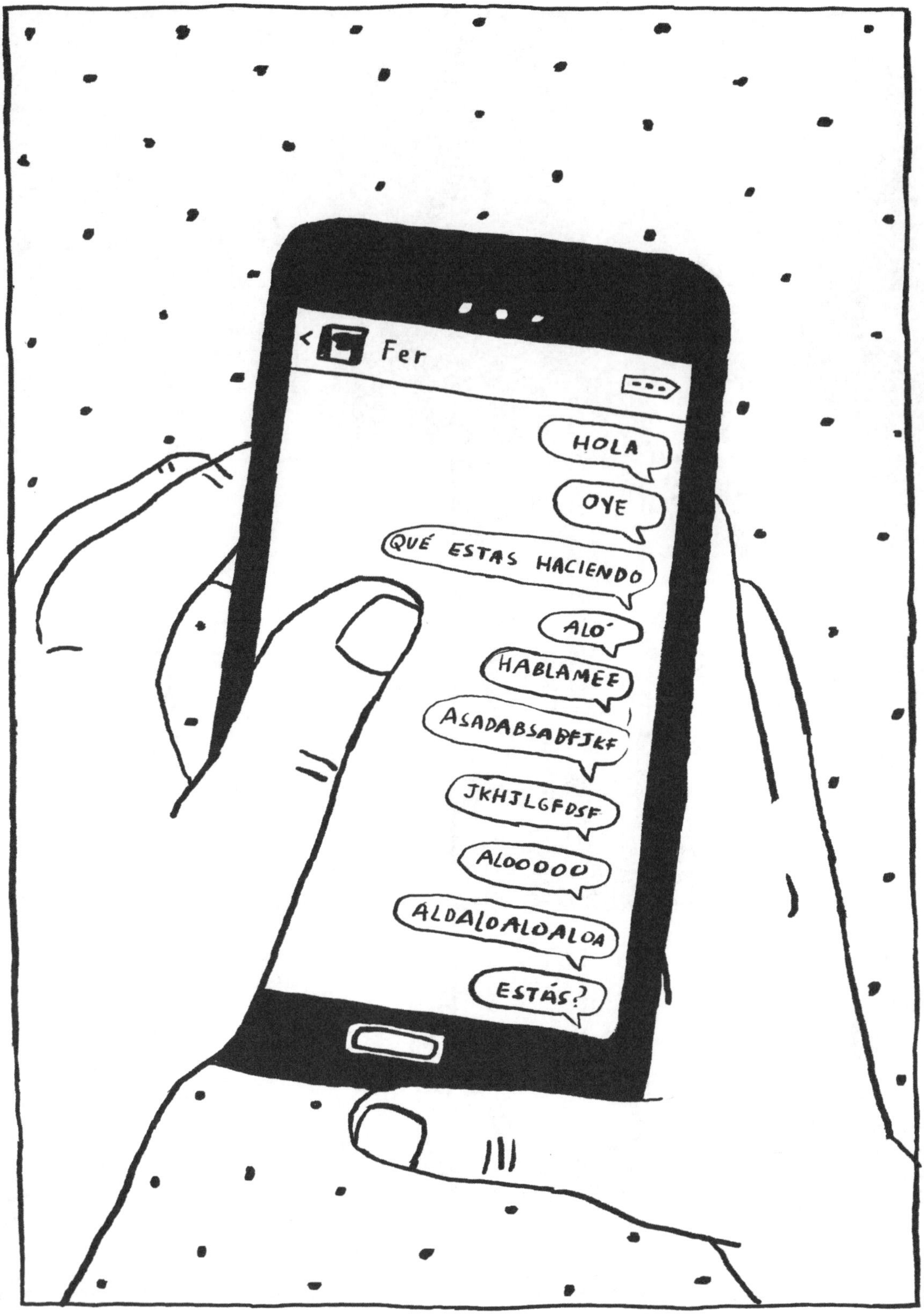
Fer
HOLA
OYE
QUÉ ESTAS HACIENDO
ALÓ
HABLAMEE
ASADABSABFJKF
JKHJLGFDSF
ALOOOOO
ALDALOALOALOA
ESTÁS?

CONDUCTAS ANTISOCIALES PARTE. 2: EL TELÉFONO MALO

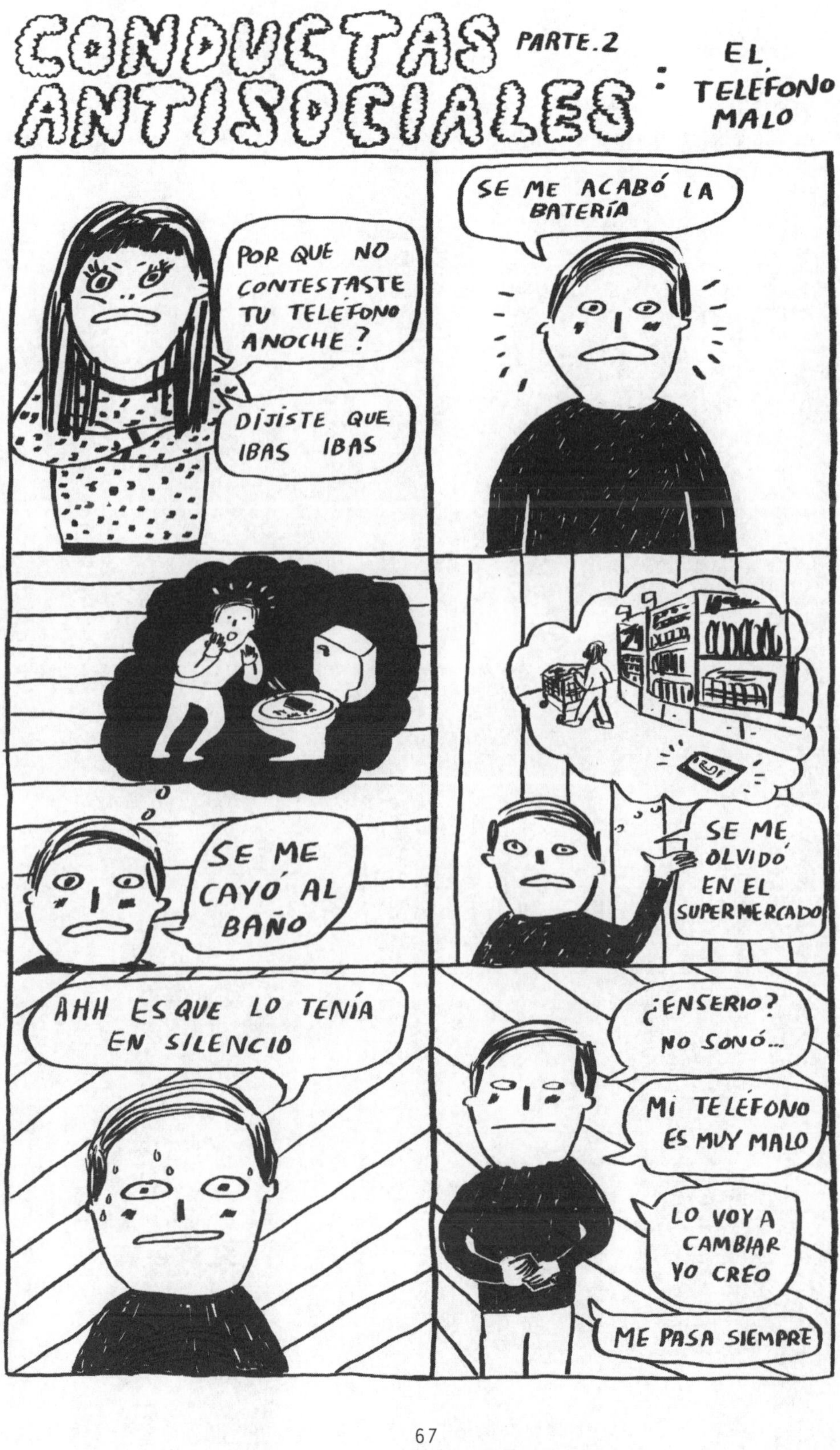
POR QUE NO CONTESTASTE TU TELÉFONO ANOCHE?
DIJISTE QUE IBAS IBAS
SE ME ACABÓ LA BATERÍA
SE ME CAYÓ AL BAÑO
SE ME OLVIDÓ EN EL SUPERMERCADO
AHH ESQUE LO TENÍA EN SILENCIO
¿ENSERIO? NO SONÓ...
MI TELÉFONO ES MUY MALO
LO VOY A CAMBIAR YO CREO
ME PASA SIEMPRE

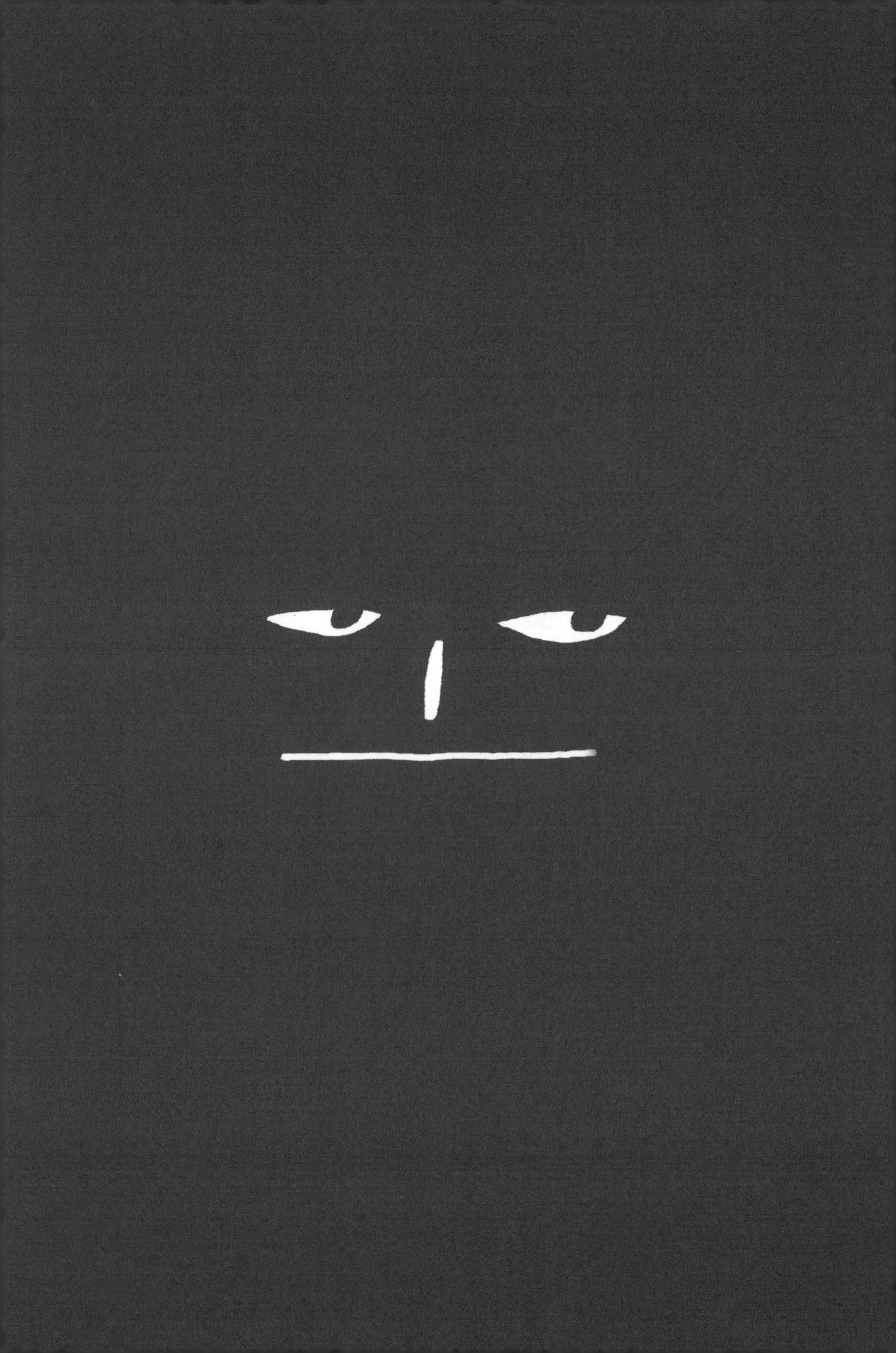

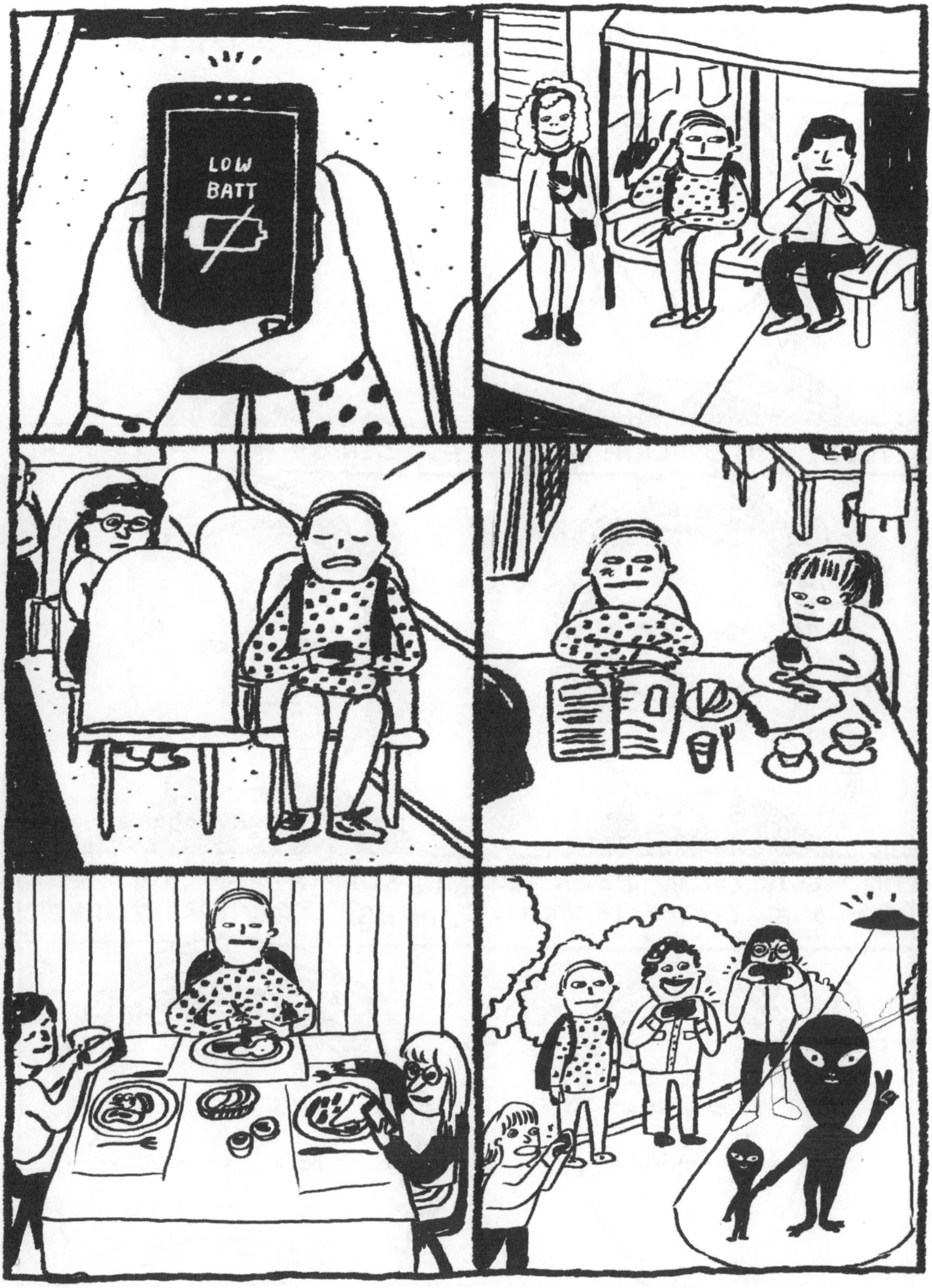
LOW
BATT

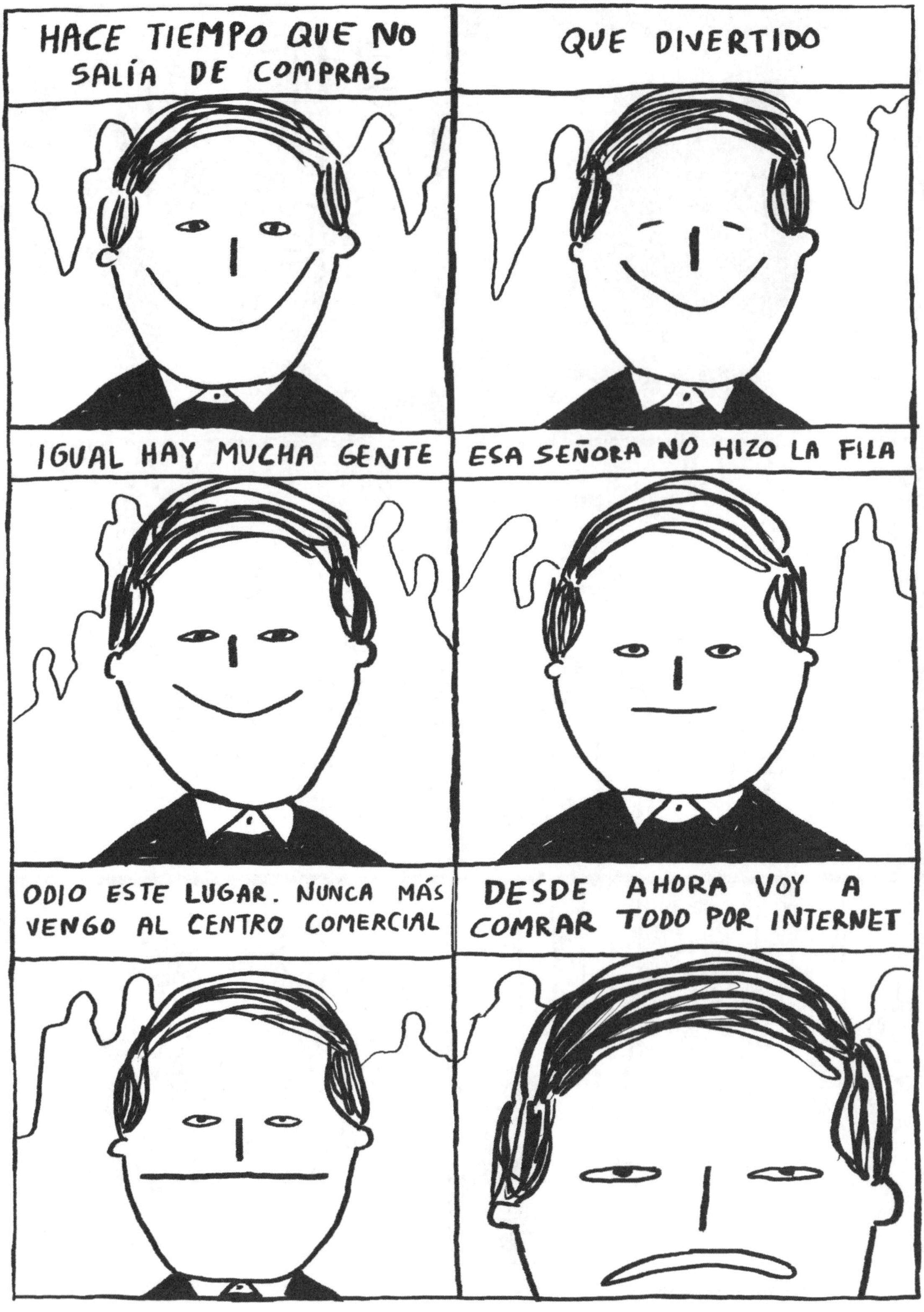
HACE TIEMPO QUE NO SALÍA DE COMPRAS
QUE DIVERTIDO
IGUAL HAY MUCHA GENTE
ESA SEÑORA NO HIZO LA FILA
ODIO ESTE LUGAR. NUNCA MÁS VENGO AL CENTRO COMERCIAL
DESDE AHORA VOY A COMRAR TODO POR INTERNET

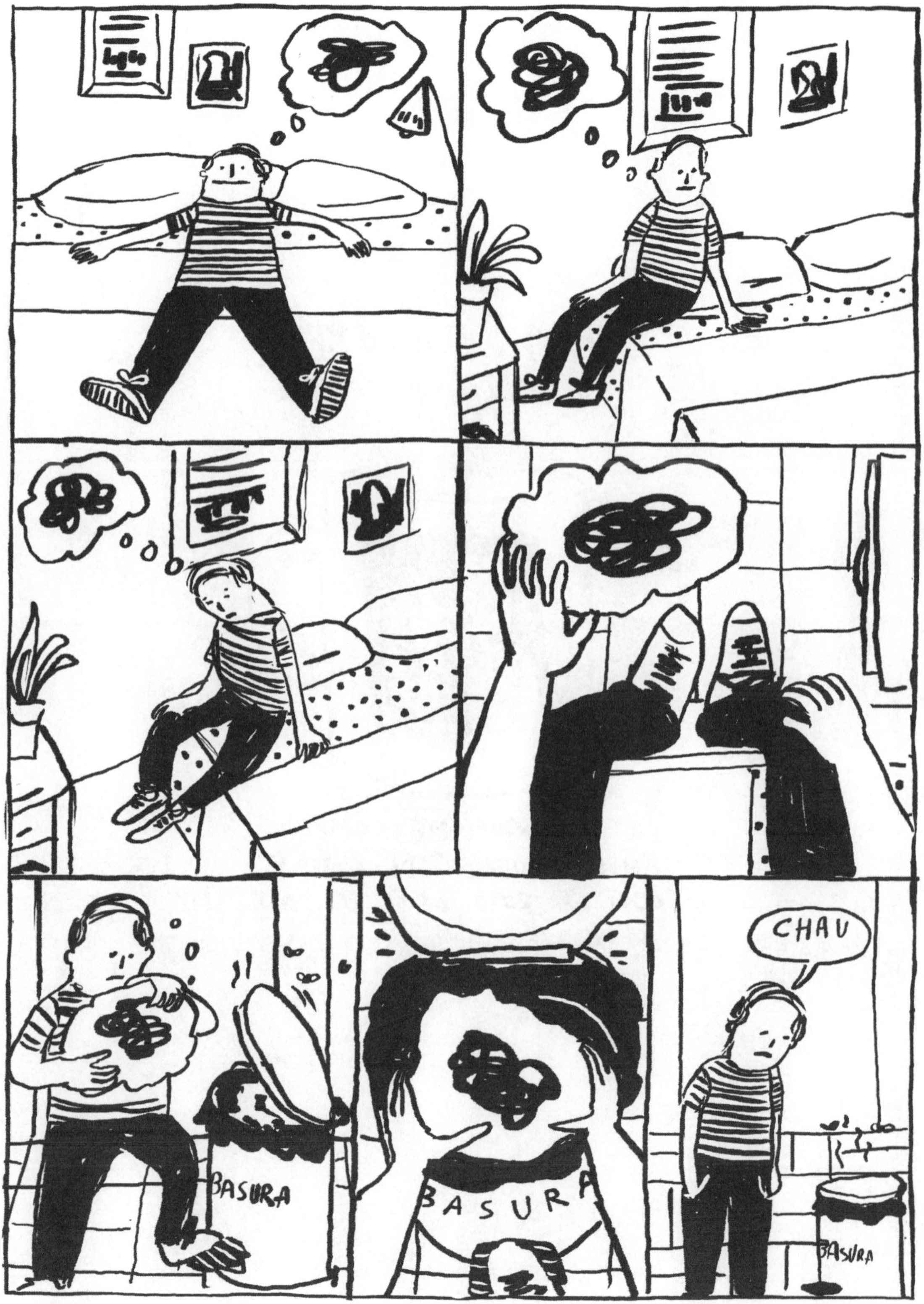
BASURA
BASURA
CHAU
BASURA

COSA FAVORITA
5

TIENE
EL BORDE →
ROTO

LA TAZA QUE ME COMPRÉ
EN UNA VENTA DE GARAJE
CON LA FOTO DE UNA PAREJA
RARA.

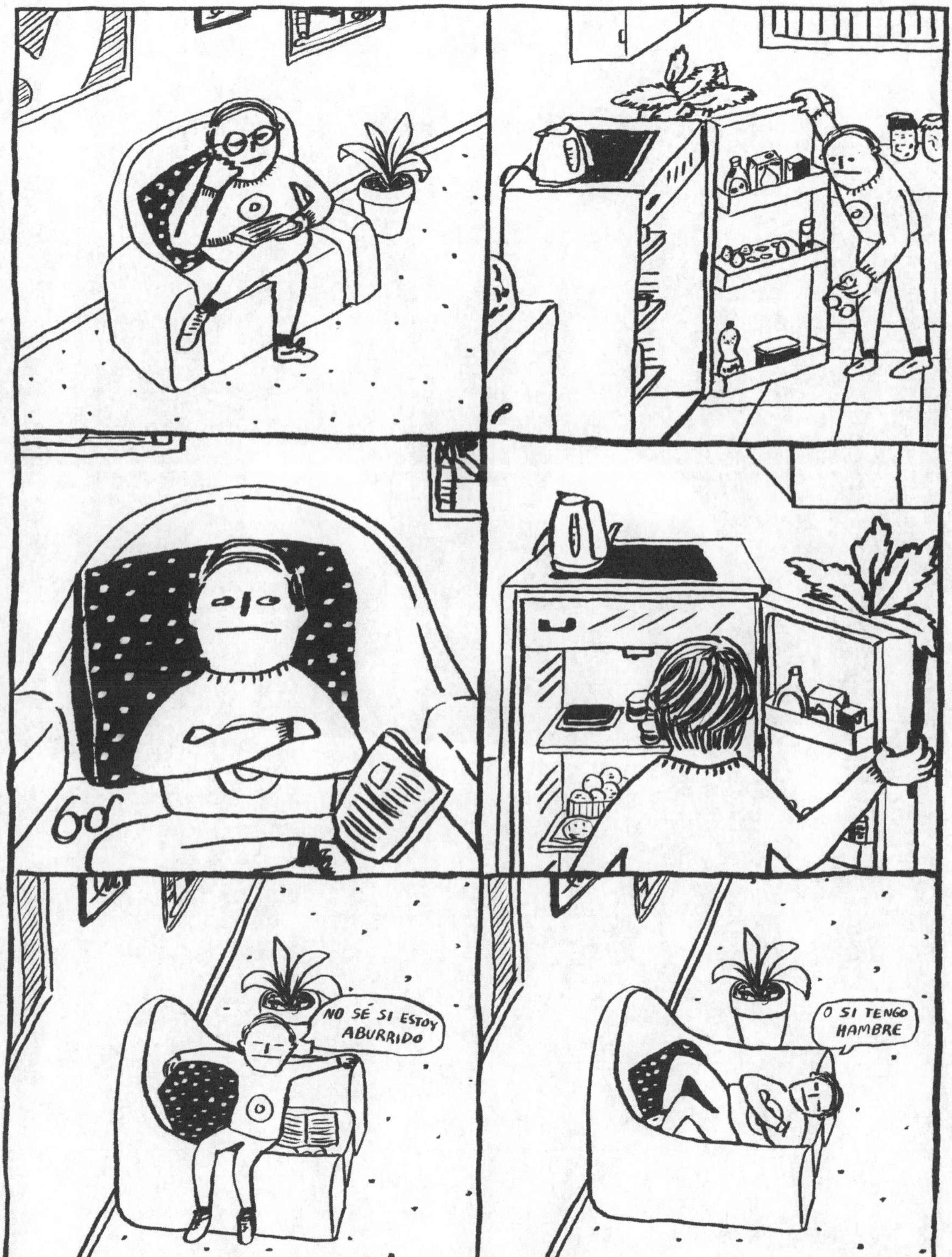
NO SÉ SI ESTOY ABURRIDO
O SI TENGO HAMBRE

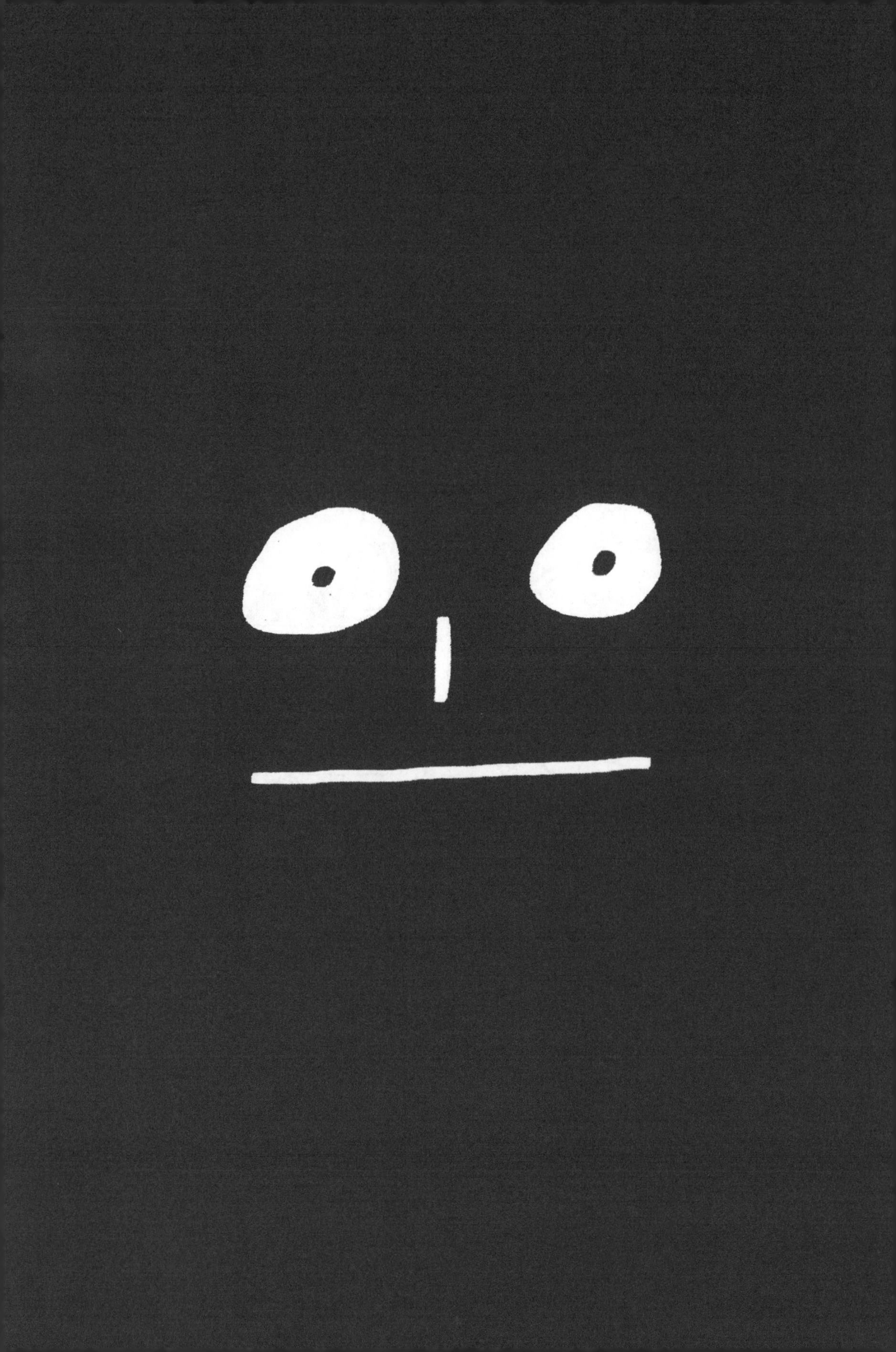

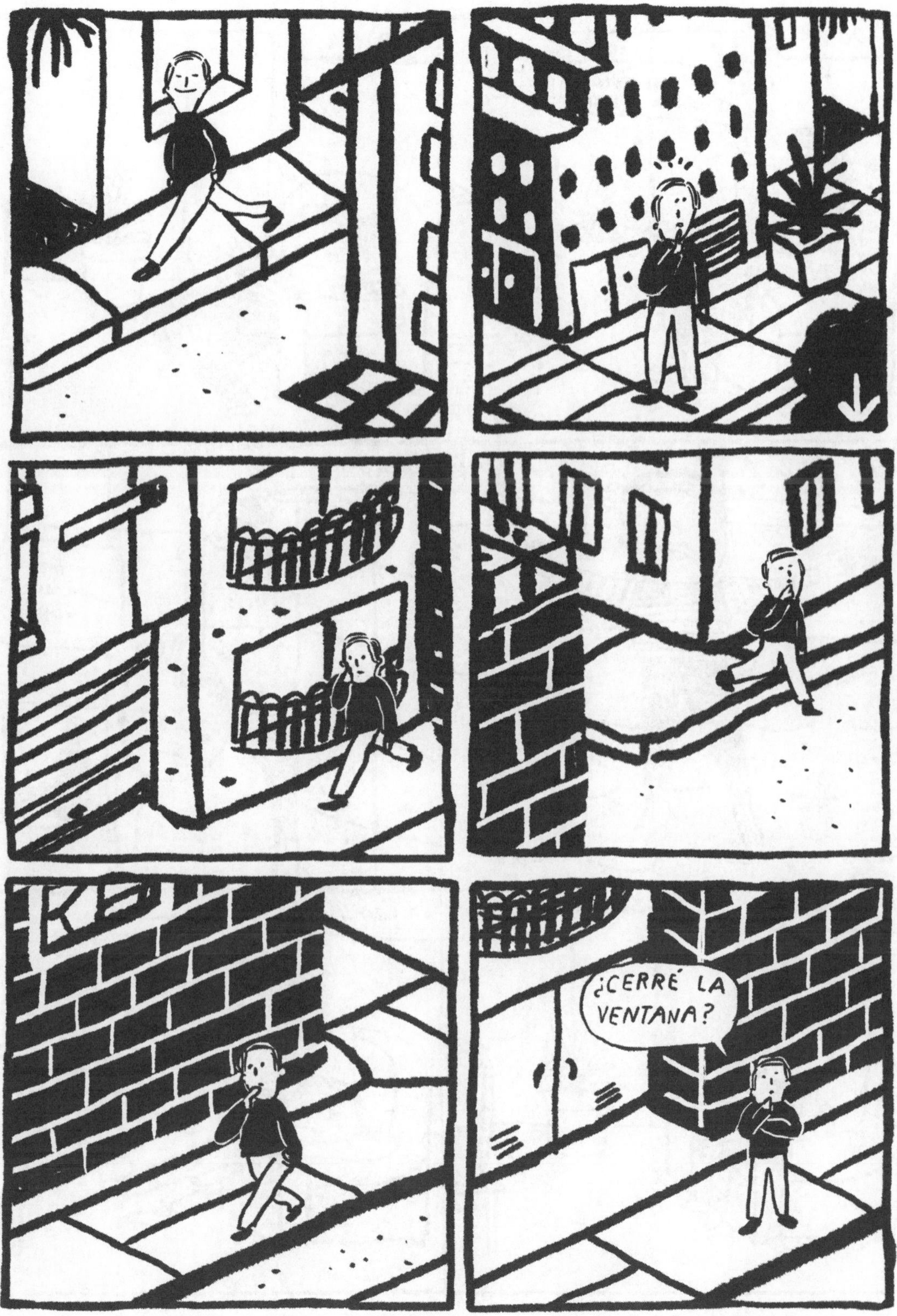
¿CERRÉ LA VENTANA?

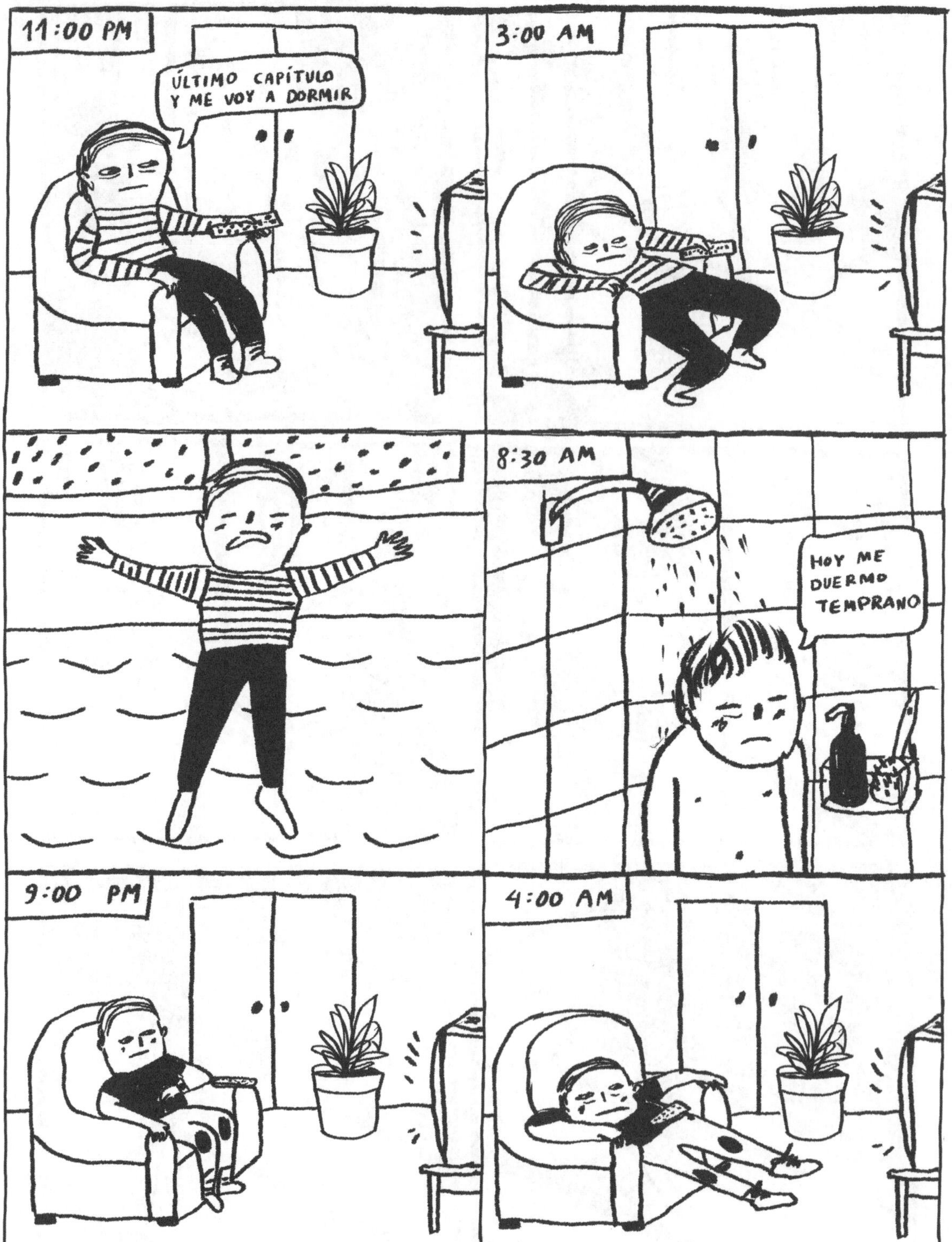
11:00 PM
ÚLTIMO CAPÍTULO Y ME VOY A DORMIR
3:00 AM
8:30 AM
HOY ME DUERMO TEMPRANO
9:00 PM
4:00 AM

COSAS QUE ODIO
#5

INTERNET
LENTO

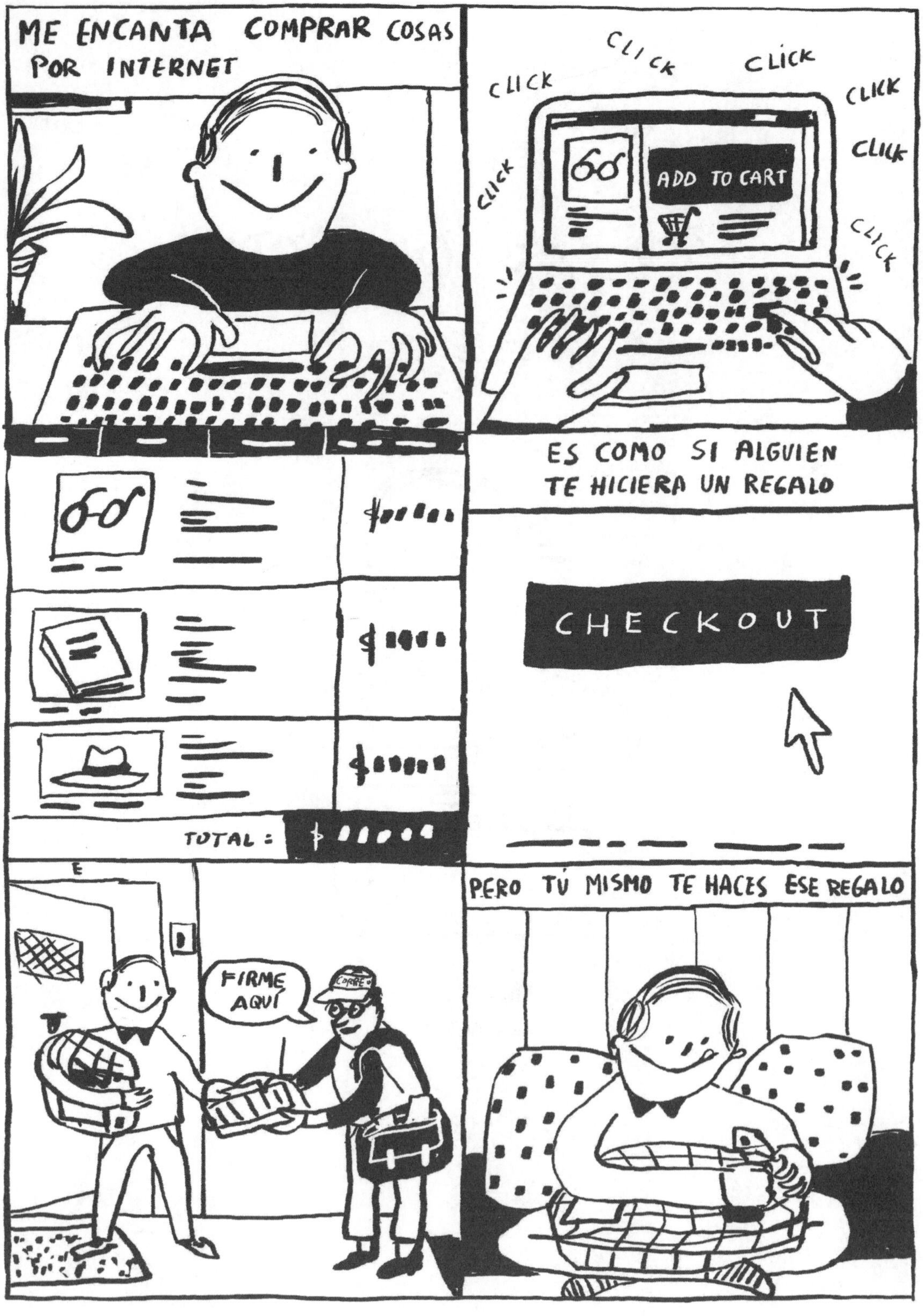

ME ENCANTA COMPRAR COSAS POR INTERNET
CLICK
CLICK
CLICK
CLICK
CLICK
CLICK
CLICK
ADD TO CART
ES COMO SI ALGUIEN TE HICIERA UN REGALO
TOTAL :
CHECKOUT
FIRME AQUÍ
CORREO
PERO TÚ MISMO TE HACES ESE REGALO

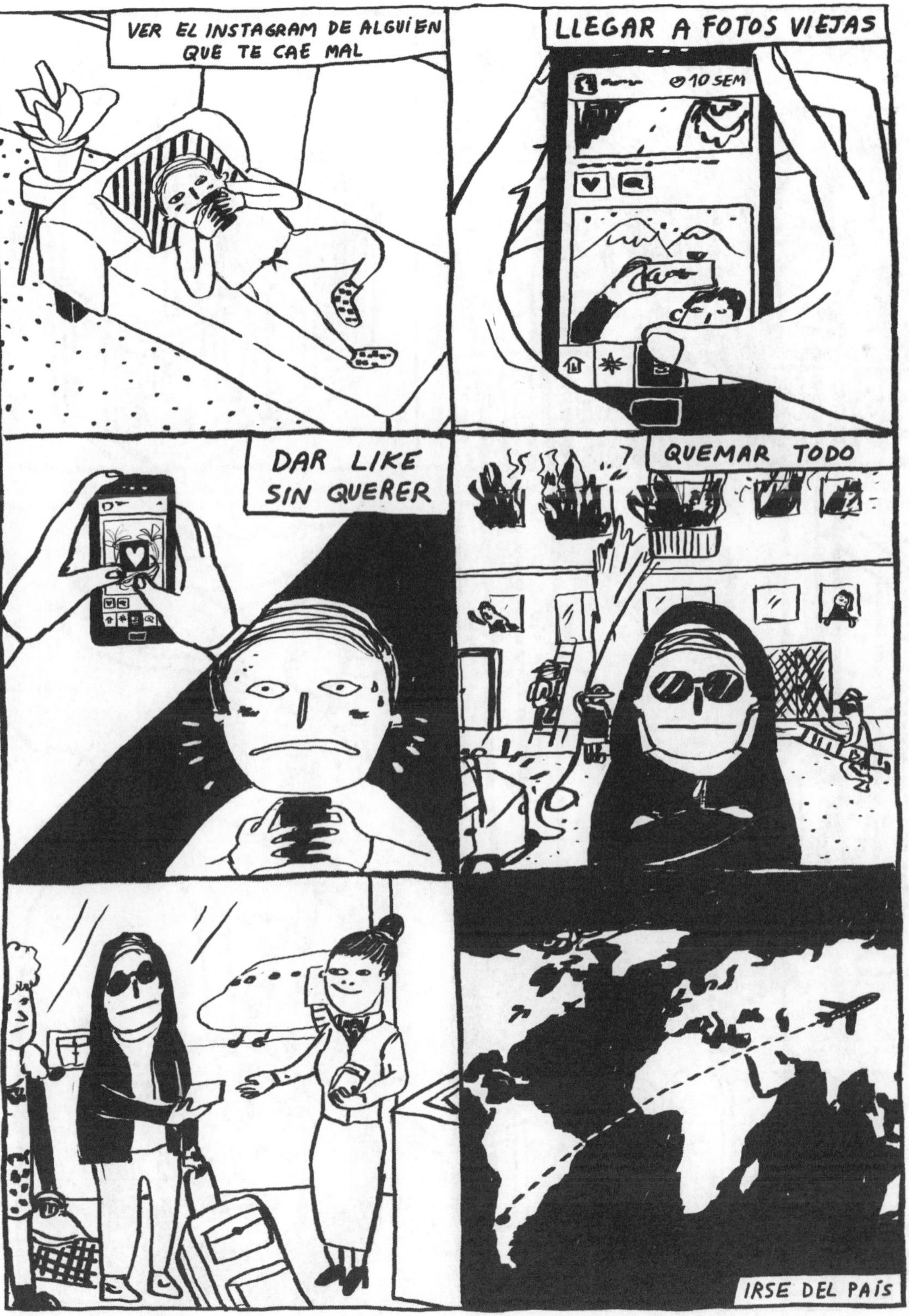

VER EL INSTAGRAM DE ALGUIEN QUE TE CAE MAL
LLEGAR A FOTOS VIEJAS
10 SEM
DAR LIKE SIN QUERER
QUEMAR TODO
IRSE DEL PAÍS

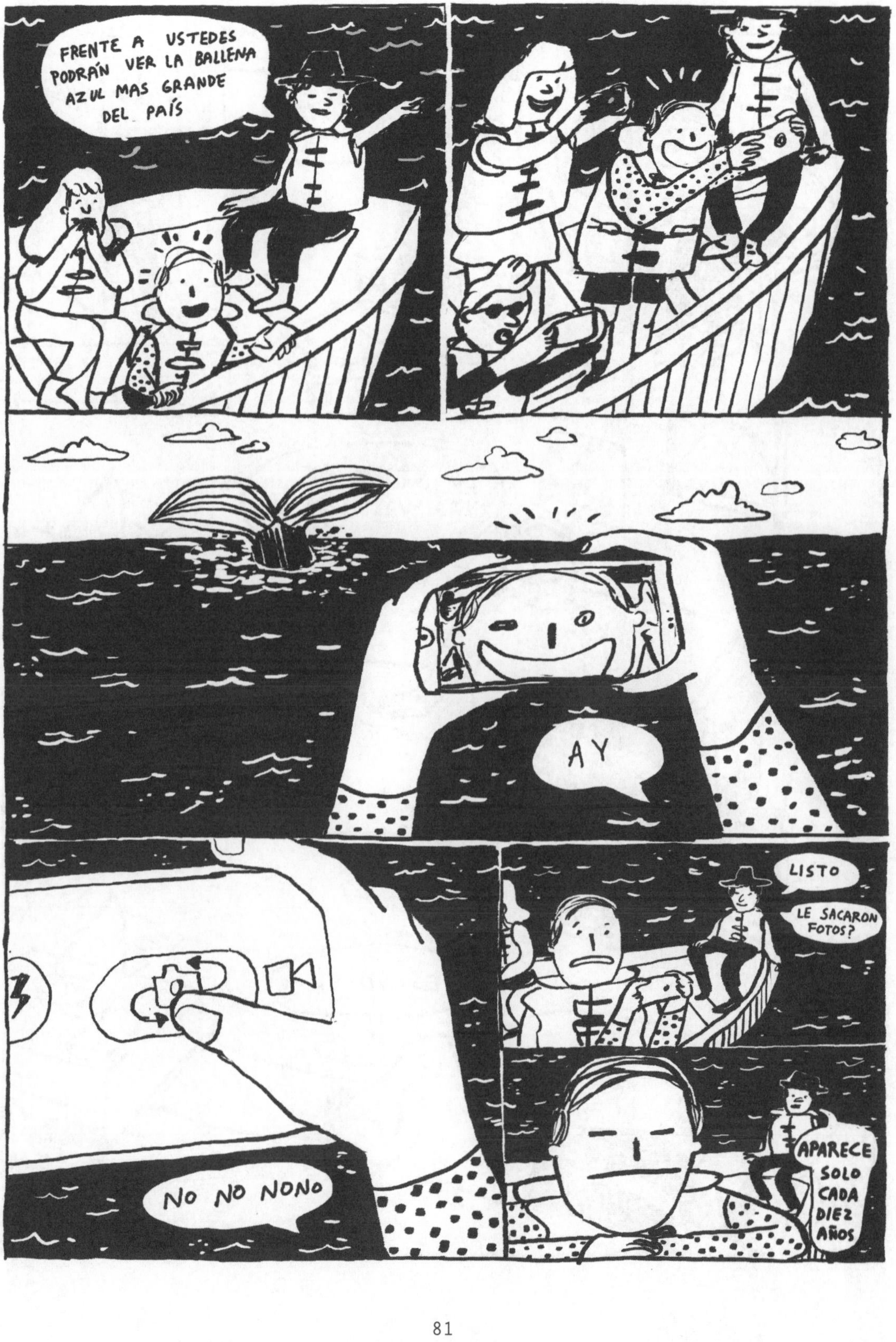
FRENTE A USTEDES PODRÁN VER LA BALLENA AZUL MAS GRANDE DEL PAÍS
AY
NO NO NONO
LISTO
LE SACARON FOTOS?
APARECE SOLO CADA DIEZ AÑOS

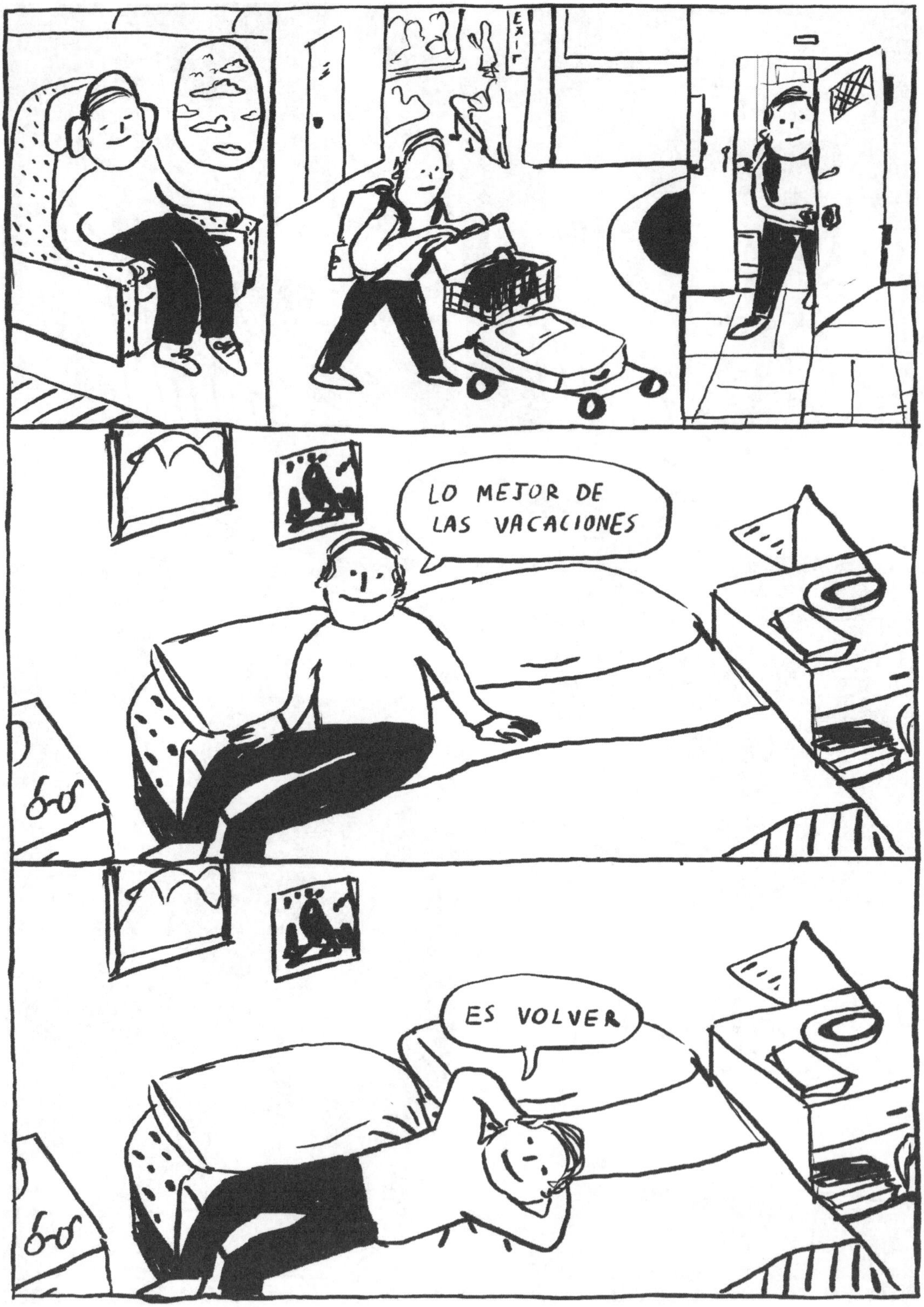
EXIT
LO MEJOR DE LAS VACACIONES
ES VOLVER

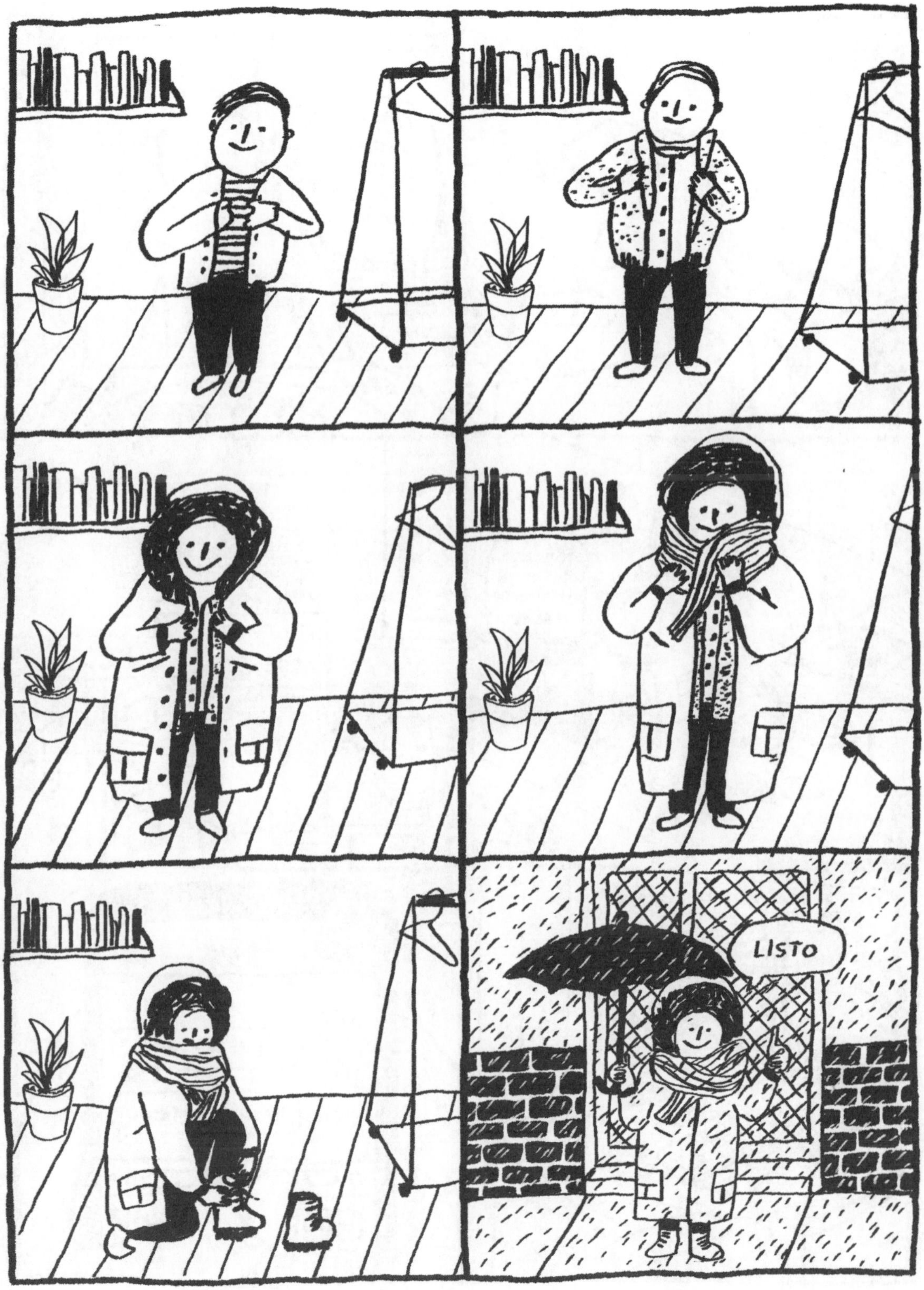
LISTO

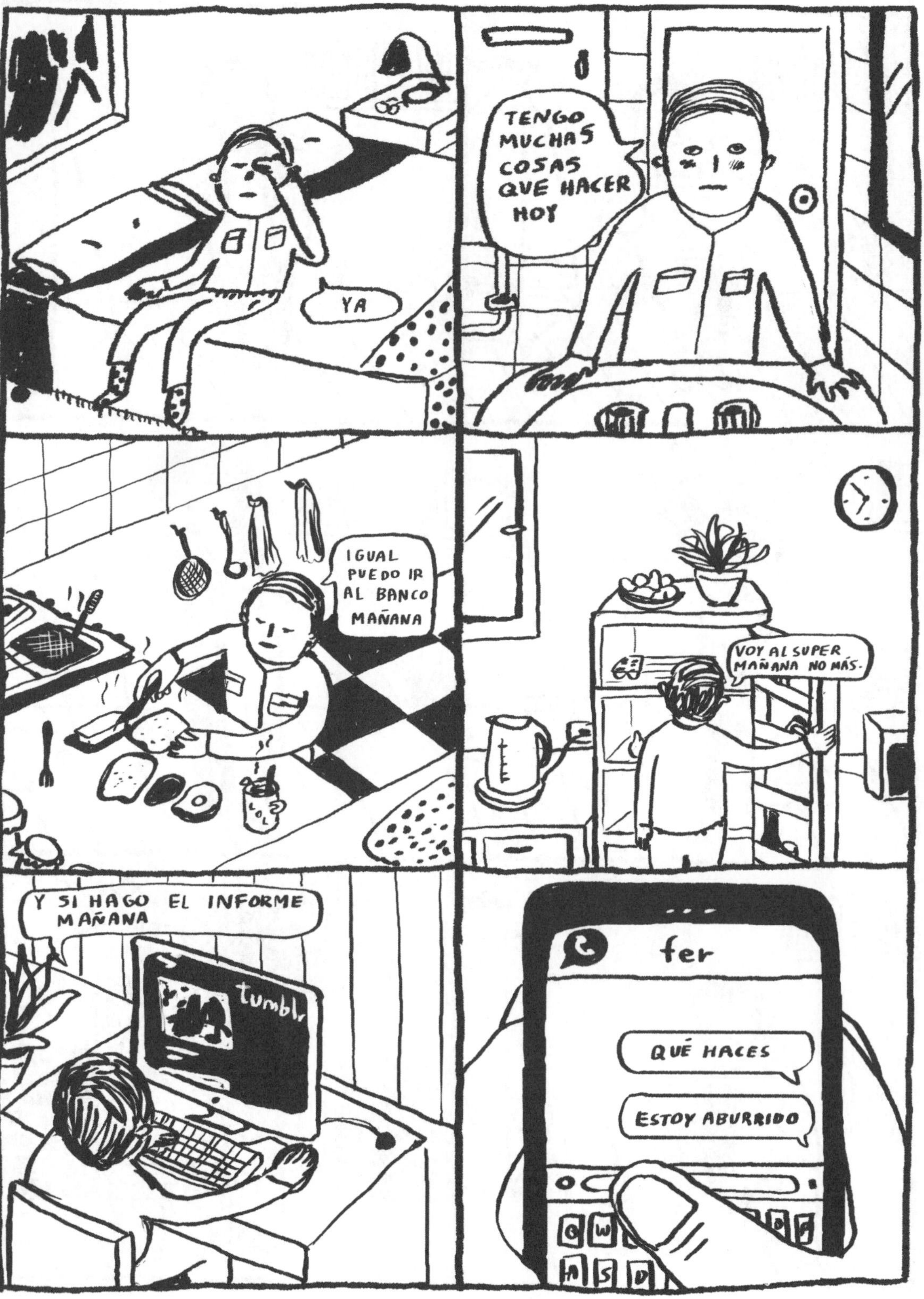
YA
TENGO MUCHAS COSAS QUE HACER HOY
IGUAL PUEDO IR AL BANCO MAÑANA
VOY AL SUPER MAÑANA NO MÁS.
Y SI HAGO EL INFORME MAÑANA
tumblr
fer
QUÉ HACES
ESTOY ABURRIDO

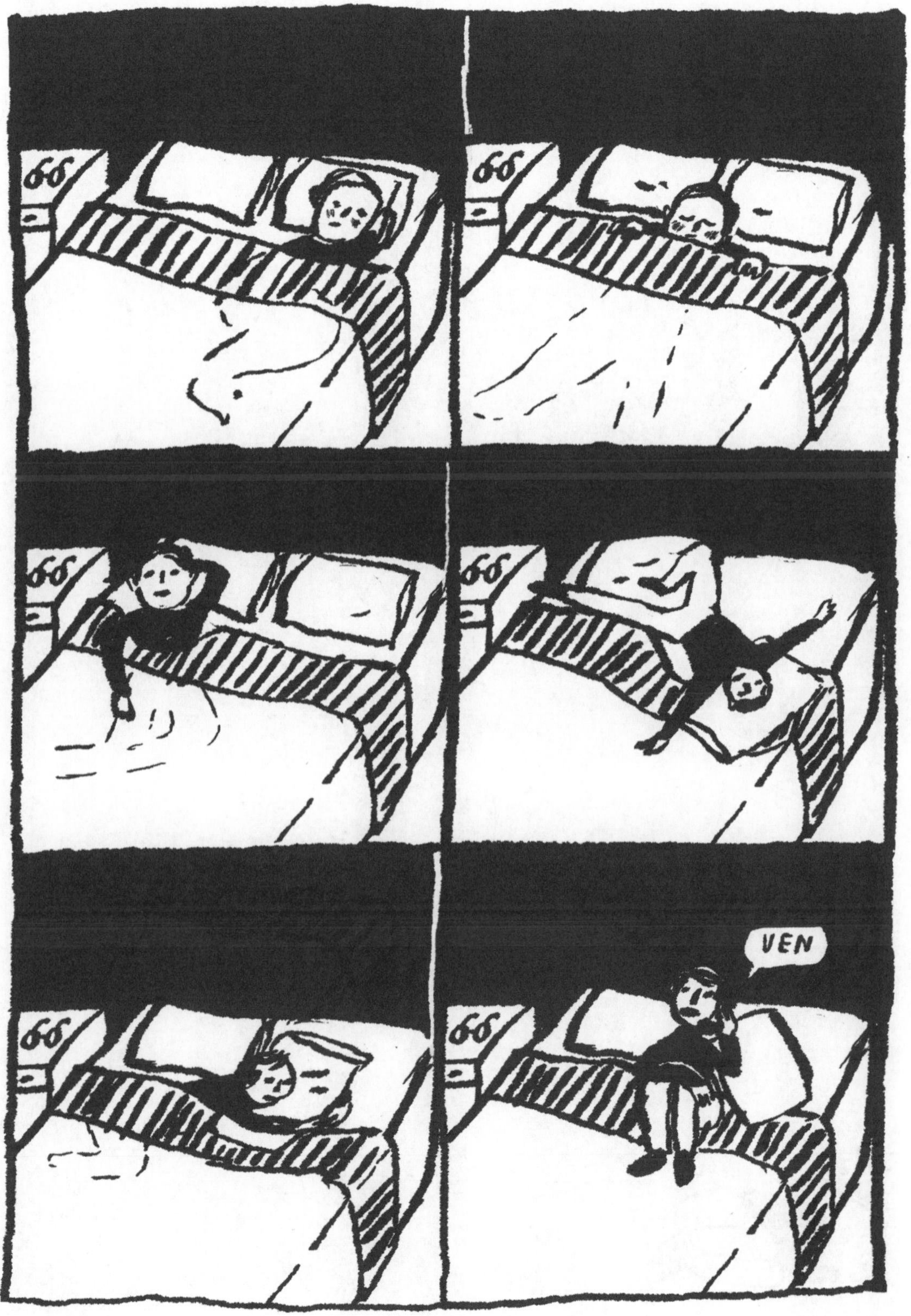

VEN